太极缠丝功

王凤鸣 编著

人民体育出版社

1953 年首都武术社成立，第二排由右向左第七位为陈式太极拳第十七代著名传人陈发科先生，当选为社长。第二排由右向左第八位为中国著名道家内功传人胡耀贞先生，当选为副社长

1993 年，在瑞士举办的欧洲太极拳推手比赛上，作者表演推手时的“发劲”

山东淄博市梓童山武术院聘请作者为名誉院长。左立者为梓童山武术院倪云海院长

加拿大陈式太极拳修炼院李来仁院长聘请作者为该院顾问

2000 年作者在芬兰主持欧洲第三届国际陈式混元太极拳和气功交流会

1998 年，作者邀请冯志强老师在芬兰赫尔辛基指导太极推手技击

2006 年，作者在韩国主持了第九届国际陈式混元太极拳和气功交流会

2005年作者在日本教学时，与学员们合影留念

和俄罗斯武士交流太极推手

在芬兰赫尔辛基的气功交流会上，太极拳爱好者们对作者的太极内功绝技“丹田内气鼓荡”产生了浓厚的兴趣

作者在西班牙教授太极缠丝功对练

作者在加拿大教学时，学员们排队体会他的“丹田内气鼓荡”太极内功绝技

作者在日本教学时，学员们体会他的太极内功绝技

作者带领芬兰的学生们在练缠丝功

作者简介

王凤鸣先生1952年生于北京，8岁起先后从师于王有志老师学习少林拳，八卦掌第四代传人刘兴汉老师学习八卦掌，1975年正式拜师于陈式太极拳第十八代传人、气功传人冯志强老师的门下，学习太极拳和气功等传统技术。经过几十年的苦心修炼和潜心研究，得到真传，集太极、气功、八卦于一身，功深技精，掌握技术全面，是冯老师很有成就的弟子。

王凤鸣先生不仅是著名的武术家，还是从事武术和气功技术、理论普及的作家。以中文、英文、西班牙出版的著作《道家太极棒尺气功》《道家气功精华—内丹功—外丹功》《太极推手技击传真》《道家内功“循时修炼法”》等成了脍炙人口的畅销书，发行于世界各地。他还在国内外的武术杂志和体育报刊上发表过几十篇有关气功、太极拳方面的论文。其中《太极尺棒气功》和《内丹功》论文，曾分别于1999年和2003年在德国汉堡举办的世界气功大会上荣获最佳优秀论文奖。为了掌握中医方面的知识，提高人体科学的认识，他曾在中医研究院学习了3年。

王凤鸣先生从1982年开始在北京国际教学中心工作，从事武术、太极拳、气功教学，曾任教练、高级教练、总教练、副总经理和志强武馆副馆长、总教练等职。培养了大批的学生，为传播和推广中国的太极拳、气功事业作出了贡献。作为中国武术界一位非常有实力有影响的武术名家，曾多次受邀出访日本、韩国、法国、瑞士、荷兰、西班牙、德国、芬兰、瑞典、英国、加拿大、美国等国家，进行气功、太极拳方面的教学和学术交流，得到国内外武术界的尊敬和好评。被赞誉为“内功王”“真正的太极和气功大师”，并被国内外的二十几个武术组织聘请为名誉主席、名誉院长、教授、顾问等。

1994年，王凤鸣先生到芬兰赫尔辛基大学体育系和其他学校从事太极拳以及气功方面的教学工作。为了更进一步推动太极拳和气功事业在欧洲的发展，他组织成立了欧洲陈式混元太极拳协会，任主席。

从1998年起，他先后在瑞典、荷兰、芬兰、法国、德国、西班牙、英国、瑞士成功地领导组织了每年一次的“欧洲国际陈式混元太极拳和气功交流会”，深受太极拳和气功爱好者们的欢迎，学员们来自世界上的许多国家。

2007年，美国一所大学邀请“特殊优秀人才”王凤鸣先生到美国工作。

可登录 www.worldtaiji.com 与作者联系。

出版说明

缠丝劲是太极拳中最重要的技术，是太极拳内功和推手技击的中流砥柱，是太极拳的灵魂。但是，在琳琅满目的太极拳书籍丛中，竟未有一部专门系统地介绍太极缠丝功技术方面的专著。

享有盛誉的太极拳家王凤鸣先生，根据陈式太极拳第十七代著名传人陈发科先生及其高徒——在中外武术界享有“太极巨人”之称的冯志强先生所传授的一些练习太极缠丝劲的方法，又结合了自己几十年来丰富的练功和教学实践经验，历经几年的勤奋耕耘，终于撰写出了这部著作。希望本书的出版，能给广大热爱太极拳这门古老技艺的朋友带来些许增益。

目 录

第一章 绪 论

第一节 导 读

太级缠丝功源于陈发科先生和他的高徒冯志强先生传授的缠丝功。陈发科先生是陈式太极拳第十七代著名传人，功夫深厚，太极缠丝劲出神入化，人颂“太极一人”。20 世纪 30 年代武术诗人杨敞（季子）写诗赞之:“都门太极旧尊杨，迟缓柔和擅胜场，不意陈君标异帜，缠丝劲势特刚强。”

冯志强先生是陈式太极拳第十八代著名传人，他集太极拳、气功于一身，功进大成，炉火纯青，尤擅长太极推手技击，是当代太极拳界的杰出代表，享誉海内外，被称颂为“太极巨人”。

笔者是冯志强先生的嫡传弟子，历经几十年的潜心修炼和研究，集太极、气功、八卦于一身，功深技精，尤其擅长太极内功和太极推手技击。在“太极拳与内功同时修炼”方面，探索出了一条成功之路。声誉广传海内外，在国际上享有“真正的太极和气功大师”和“内功王”之盛誉。笔者以两位前辈所传授下来的一些缠丝功方法为基础，在继承传统的基础上，立意创新，有所发展。使太极缠丝功技术科学化，技击理论实践化，训练方法更加系统化。

为了让国内外的太极拳爱好者了解太极缠丝功，认识到修炼太极拳内功的重要性，几年来，王凤鸣先生在主编的赫尔辛基大学体育系太极拳教学大纲的基础上，历经多次深加工整理，编写了《太极缠丝功》一书。

全书共分四章，主要内容如下：

在第一章绪论中，概括地叙述了太极缠丝功的来源，并对练习太极拳的过程是调整形与气的过程，作了简明扼要的阐述。

在第二章太极拳理论基础中，精辟、深刻、独到地阐述了太极缠丝功的健身功效、顺缠和逆缠、缠丝功、抓住丹田练内功、循时修炼、阴阳学说、太极拳和推手技击调节身体平衡的几个规律、太极拳和推手技击三道防线与三盘的划分、太极拳“以腰脊为轴，一触即旋”的圆形运动之理、三节四梢，五弓六合，使您了解、认识到太极拳理论和技击上的独特之处。

在第三章身体各部位缠丝功的练习方法中，详细地介绍了头部、上肢部、躯干部、下肢部全身九大关节和各部位练习缠丝功的方法。它将从人体结构上讲解，健身功效上分析，技击理论上阐述，力学原理上论证，层次分明，程序合理。

各方位全身综合缠丝更能让习练者体感到全身上下各关节部位同时综合运转，组合成一个大的太极球，多方位的、各种角度的螺旋缠绕。待习练者缠丝功达到较高水平时，运用于推手技击，则能收到一触即旋、何处挨着何处化、全身上下都咬人之功效。

缠丝功对练是两个人通过太极推手的形式，进行实践运用，来检验缠丝功中的动作和劲别掌握的正确程度，是对缠丝功中的各种动作和劲别技术再认识、再提高的过程。

笔者根据几十年来练习太极拳和气功的经验体会及丰富的中医知识，独具匠心地将每一个缠丝功的动作，进行了深刻的研究探讨和精辟独到的论证，并将每个动作的练习方法安排了意守部位、功效反应和重点提示项目，这样不仅能使读者懂得每个缠丝功动作的健身功效，还能同时了解认识到每个缠丝功动作的技击含义。

在第四章名人轶事中，介绍了陈式太极拳第十七代著名传人陈发科先生及其高徒、在中外武术界享有“太极巨人”之称的冯志强先生，以及在国内外享有“内功王”之称的王凤鸣先生。

太极缠丝功的功能有多种，但书稿始终围绕着提高人们的健康层次和思维层次而展开，这是古代人和现代人所共同需求的养料。太极缠丝功作为一种古老的运动形态，仍具有崭新的现代实用价值，这正是我们今天研究、整理、介绍太极缠丝功的意义所在。

近年来，在几十个国家的教学实践中，凡学练过本教材的学员们都普遍反映，它不仅是一本理论精辟、功深技精的难得的优秀教材，而且还具有功法安排科学合理、重点突出、技术性强、实用性强、功夫一层深一层等特点。最重要的是对习练者来说，易学，易懂，易掌握，收效快，增长内功快。凡是跟笔者学练过本教材内容的国内外学员们，普遍有练功一年受益十年、练功十年受益终生的切身体会。因此深受国内外太极拳爱好者所青睐。本教材内容并被中外大学体育系，武术院、校、馆，太极拳协会列为太极拳和推手技击的教学项目。故此，我们将它介绍和推荐给中外广大热爱太极拳运动的人们。

第二节 太极拳内功导引

随着太极拳运动的日益普及，国内外越来越多的喜欢这项运动的太极拳爱好者，已不再满足于一般的太极拳套路的掌握，不再满足于太极拳外形姿势上的锻炼，进而探求内涵深奥的太极拳内功，企盼能全面掌握太极拳内功的修炼方法。

经常按照本书中介绍的太极缠丝功进行学练，可使习练者身体内逐渐形成一种既绵软而又沉重，外似棉花、内如钢条的一种奇特的“内劲”。功夫越深，内劲的质量越高。具备这种柔中有刚、刚中有柔的“内劲”，与人推手较技时，具有“人不知我，我独知人”“神以知来，智以藏往”的特点。

隐于内而不显于外，内动不令人知，故称“内功”。内功如同电能一样，随着习练者内功水平不断的提高，他的内功能量也在不断地提高，内功能量的积蓄也会变得越来越大。

习练者达到一定水平时，就能更深入地体感到，“太极拳是意气运动，练习太极拳的过程是调整形与气关系的过程。犹如一杯水，形是方法，气是内容。如果练习太极拳仅停留在外形姿势上的锻炼，没有抓住实质，那只能获得初级效应。只有深入提高太极拳内功‘气’的层次，才能达到意、气、形合一高级阶段的水平。才算真正地掌握了太极拳运动的规律”。

回忆当年，陈发科先生与对手较技时，之所以能够做到三五秒论输赢，发人于无形无迹；冯志强先生之所以能够做到，当一千多斤重的电机从吊车上掉下来的刹那间，能果敢地上前接住这庞然大物；笔者在练习太极拳时，之所以能够做到丹田内气鼓荡，与人推手较技时，能够做到运用丹田进行擒拿、发放，就是因为说明有内功做后盾。反之，太极拳如果没有内功相助，就是有再好的技术、再好的技击方法、再好的理论，也不能发挥出威力来。正如武术谚语所述，“一功，二胆，三技巧”“拳无功一场空”。

学练太极拳动作，看得见，摸得到，好模仿，因此容易理解和掌握。而修练太极拳内功，看不见，摸不到，又不能模仿，所以不易理解和掌握。因此习练者需要找一个有内功经验的老师做指导，才能使自己的太极拳内功水平不断地提高进步，直至走向成功之路!

第二章 太极拳理论基础

第一节 太极缠丝功的健身功效

太极缠丝功是中国特有的运动方式，它可在同一时间内综合地完成神经、呼吸、血液、经络、消化、内分泌、肌肉、骨骼等方面的锻炼，用以调节人体的平衡系统。

可以说，练习太极缠丝功可使人们用最宝贵的时间，达到最佳运动锻炼的效果。因此，经常坚持练习太极缠丝功能达到以下健身效果。

一、调节神经系统

太极缠丝功是在大脑支配下的意气运动，以心理活动影响生理活动。意到气到，气到动作到，气达于梢的练功要领，再配合手、足部位的练功动作，直接起到了对神经系统的调节作用。从人体的神经系统分布状态来看，手和足属于颈胸分布末梢区，较为敏感。因此，通过交感神经、副交感神经的传导，对内脏能起到反射调节作用。再通过意守丹田练功要领的导引，腹式呼吸的配合和动作的相助，达到气沉丹田的练功效果。这样使支配内脏的中枢神经系统产生兴奋，直接起到了刺激影响内脏器官的作用。

从现代解剖、生理学观点分析，丹田和一些重要的练功部位，恰好是重要神经中枢和内分泌腺体所在地，如大脑、胸腺、腹腔神经丛、肾上腺、性腺、脊髓等等，这些都是人体重要的部位。太极缠丝功的独特和捷径之处，就在于直接刺激影响神经系统时，可产生强烈的传导感，这种传导感可使兴奋神经趋向稳定状态，使抑制神经被激活，从而使人体的神经系统进一步地得到调整、修复和平衡。同时还可促进生化、代谢、内分泌等功能，提高人体的免疫机能，从而使人体自动化调节系统趋向有序化程度更高的状态。

经常坚持练习太极缠丝功，对防止由于神经系统病变所产生的疾病，例如神经衰弱、神经痛、神经麻痹、神经萎缩、胳膊和腿麻木等等，尤为有效。

二、增强呼吸系统

太极缠丝功采用腹式呼吸，要求呼吸与动作自然配合。动作相开时为吸气，使膈肌上升，腹压减弱，重心上移，胸压增强，加大了肺活量。动作相合时为呼气，使膈肌下降，腹压增强，重心下降，胸内压减弱，随着呼吸和动作的变化，达到“胸宽腹实”的状态，能改进胸廓活动度。有调整肺功能和胸膈的状态，增加肺活量，使呼吸肌发达，恢复肺的弹性，开发肺功能潜力的作用。

因此，经常坚持练习太极缠丝功，习练者呼吸频率会减少，肺活量比一般人大。对防止由于呼吸系统病变所产生的疾病，例如咳喘、气亏、气管炎、胸痛、肺炎、肺气肿等等，均有良好的功效。

三、疏通循环系统

练习太极缠丝功螺旋缠绕式的动作，能使全身各部位的肌肉群总是绞来绞去，一松一紧，一刚一柔，一收一放，一开一合，交替变化运动。这种独特的练功方式，能促使肌肉间的静脉血液加速回流到心脏，心脏供血充足了，通过动脉向全身排出的血液就会增加。另外，练功时在意念的导引、呼吸的配合、动作的相助下，能促进心搏能力，使心肌得到锻炼。从而加大加速血流量，提高血管容积，增强血管的韧性和弹性。还有利于疏通血液循环系统，清除血液中和沉积在动脉和静脉血管壁上的有害物质，使胆固醇含量下降，血脂降低。

经脉象仪测试表明，练习太极缠丝功还具有改善微循环的作用，使外周血管扩张，毛细血管血流量比平时增加了 15~16 倍。由于外周血管的扩张和毛细血管血流量的增加，习练者体感到手足、丹田、命门等意守部位有发热，发胀，气行，气动等现象，这就是练功时的所谓气感。毛细血管随血流量的增加，携带氧、激素等营养物质的能力也相应地增长，同时清除了附在外周血管和毛细血管壁上沉积的有害物质。这是许多老年人通过练功能够童颜鹤发，老年斑变浅或消失的原因。

因此，经常坚持练习太极缠丝功，能引起细胞产生温热反应，活化细胞，使血管扩张，血管容积增大，血管通透性明显得到改善，促进血液循环，使血管、外周血管、毛细血管中血流速度增快，末梢血流量增加，红细胞和血红蛋白有所增长，软化动静脉血管，增强血管壁弹性，清除血液中的有害物质，还可降低胆固醇、血脂，改善心肌供氧，增强心脏功能。对防治由于循环系统病变所产生的疾病，例如高血压、低血压、贫血、动脉硬化，以及由于心脏供血不足引发的各种病症，均有良好的功效。

四、畅通经络系统

中医学理论认为，人体的健康与经气畅通有着密切的关系，故中医理论总是气血并提。经常练习太极缠丝功，一般都会产生手脚发热、发胀、气动、气行、指尖如针刺的感觉。在背，胸，头，胳膊，腿等部位都有气动、气行的现象。中医认为这是体内行气的现象，是经络畅通的反应。

练习太极缠丝功在意到气到，气到动作到，气达于梢的练功要领指导下，要求动作螺旋缠绕地形成圆形运动。使肌肉、韧带、关节在均匀连贯地反复旋转活动中得到无微不至的运动，调整呼吸，调节神经，畅通气血，流转贯注于四梢，达到固本荣枝的目的。中医经络学说一直很重视人体的四肢末梢，认为手脚的末梢是十二经络的终点和起点的连接处。所以，经常坚持练习肩、肘、手、胯、膝、足等部位的缠丝功动作，有助于十二经络的畅通和内气的循环运行。

功夫较深者练习太极缠丝功时，则能进一步地体感到，胳膊和腿内犹如有水银流动一样，沉稳而敏捷。在意念导引、呼吸配合、动作相助下，气沉丹田时，还能体感到丹田内气动，丹田内气旋转，丹田内气鼓荡等现象。其功效在于能使膈肌产生上下运动，胸压和腹压交替变化，促使五脏六腑进行自我按摩运动，五脏六腑是十二经络的大本营，这样更有助于十二经络及全身经脉的畅通和内气的循环运行。

因此，经常坚持练习太极缠丝功，对防治由于经络系统内气运行不畅所产生的气滞、气亏、身冷、手脚发凉等等现象，尤为有效。

五、促进消化系统

太极缠丝功采用腹式呼吸、气沉丹田的方法，可使支配内脏器官的神经产生兴奋，膈肌活动幅度明显增大，活动范围是平时的3~4倍。改善了腹肌的收缩与舒张，因此，增强了腹腔内压，使腹部温度增高，促使胃、肠、肝、肾、膀胱随之产生自我按摩式运动。从而提高胃肠道平滑肌的张力和收缩力，加速胃肠的蠕动，促进胃肠消化液的分泌，加强了消化、吸收和排泄功能。练功时有口液增多和肠鸣感的现象，就是促进胃肠消化能力的表现。

因此，经常坚持练习太极缠丝功，具有促进消化系统功能、改善体内物质代谢的作用。对防治由于消化系统病变所产生的疾病，例如胃痛、消化不良、食欲不振、便秘、小便不利等等，均有良好的功效。

六、锻炼肌肉组织

肌肉的基本特征是收缩与放松，收缩时肌肉缩短，横断面增大，放松时则相反。肌肉组织的物理特征是伸展性与弹性。练习太极缠丝功螺旋缠绕式的动作，能使全身各部位的肌肉群总是绞来绞去，都能参加运动。这种锻炼方式不像举重、投掷、健美等竞技体育运动那样，给肌肉以强烈的刺激，使局部肌肉僵硬和隆起。太极缠丝功锻炼肌肉的方式，是在意、气、形合一的状态下，一松一紧，一刚一柔，一收一放，一开一合，交替变化运动中进行的，从而使全身的肌肉得到均衡的锻炼。所以，这种独特的锻炼肌肉的方式，能促进血液循环加快，从而使肌肉需要的氧气和营养物质得到及时的补充，促进乳酸等代谢产物的吸收和排泄，提高肌肉的运动能力，使肌肉匀称丰满，柔韧而富有弹性。由于肌肉收缩与放松、伸展性与弹性的增强，对关节和骨骼的牵拉作用也得到了加强，使骨的形态结构和性能都产生良好的变化。运动时可减少肌腱和骨之间的摩擦，提高运动的转换能力。

因此，经常坚持练习太极缠丝功，能使习练者较快地掌握新的动作要领，促进演练太极拳套路的动作更加协调优美、舒展大方。对防治由于肌肉组织病变所产生的疾病，例如肌肉酸痛、肌肉痉挛、肌肉劳损、肌肉萎缩、肩背痛、腰腿痛等等，尤为有效。

七、加强关节活动，坚固骨骼

练习身体九大关节和各部位太极缠丝功的动作时，由于各关节呈螺旋缠绕式的圆形运动，因此扩展了关节的活动范围，增强了关节结构、关节韧带、软骨滑膜层、纤维层、半月板、骨膜、关节囊等，起到了保护关节和限制关节的作用。

关节和骨骼呈螺旋缠绕的运动时，能使该部位周围的肌肉、韧带、肌腱、神经、血管、经络等同时综合地得到锻炼。练功时关节处有时发出“格格”响动的声音，就是促进关节转化运动的良好反应。长此以往，能使关节之间、骨与骨之间的连结更加稳固，骨密质增强面坚固，促进骨液分泌，对骨质营养的吸收和病变的修复，预防骨骼老化、变形，起着重要的作用。

经常坚持练习太极缠丝功，使关节的稳固性、柔韧性和灵活性增强了，能提高太极推手技击和防守的有效率，还能提高关节和骨骼的抗折、抗弯、抗扭转方面的性能，达到减轻冲撞和震动的作用。对防止由于骨质病变所产生的疾病，例如关节炎、颈椎病、骨刺、骨质增生、椎间盘突出等等，均有良好的功效。

综上所述，可以看出练习太极缠丝功与体育运动的根本区别在于，体育运动着重锻炼有形结构，而太极缠丝功在锻炼有形结构的同时，又着重锻炼无形物质精、气、神，并通过无形物质的变化而改进有形结构。两者的锻炼方式完全不同，所以，练习太极缠丝功具有一般体育运动锻炼所达不到的功效。

第二节　顺缠和逆缠

太极拳中的缠丝运动有顺缠和逆缠之分，现将身体各部位顺缠和逆缠的表现形式加以阐述。

一、以局部关节或部位为例。某关节或部位呈圆周运动时，根据运动方位的变化，凡是按顺时针方向旋转为“顺缠”，同时内气相随而旋。（图 2–1）

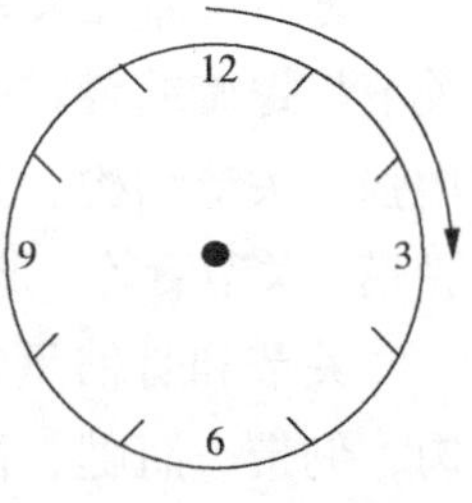

图 2–1　顺缠

凡是按逆时针方向旋转为“逆缠”，同时内气相随而旋。（图 2–2）

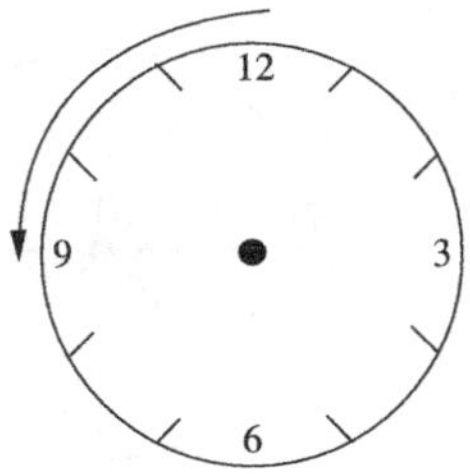

图 2–2 逆缠

二、以胳膊为例。拳（掌）由内向外呈螺旋式击出时为“逆缠”，同时内气相随而至。（图 2–3）

拳（掌）由外向内呈螺旋式返回时为“顺缠”，同时内气相随而归。（图 2–4）

图 2–3 逆缠

图 2–4 顺缠

三、以腿为例。脚由内向外呈螺旋式蹬出时为“逆缠”，同时内气相随而至。（图 2–5）

脚由外向内呈螺旋式返回时为“顺缠”，同时内气相随而归。（图 2–6）

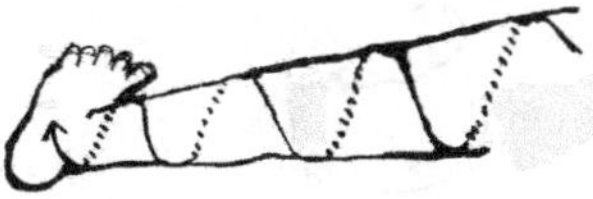

图 2–5 逆缠

图 2–6 顺缠

四、以腰为例。腰按顺时针方向旋转时为“顺缠”，同时内气相随而旋。（图 2–7）

腰按逆时针方向旋转时为“逆缠”，同时内气相随而旋。（图 2–8）

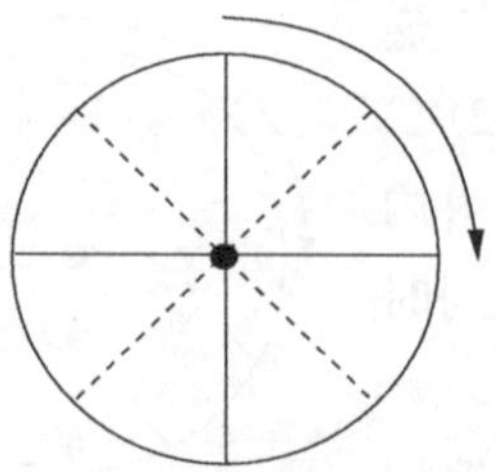

图 2–7　顺缠

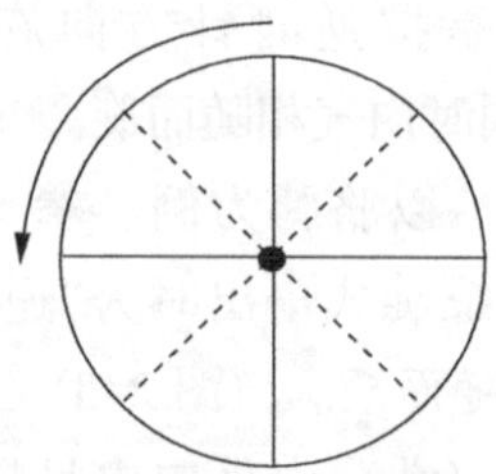

图 2–8　逆缠

五、以躯干为例。躯干由下向上呈螺旋式上升时为“逆缠”，内气相随而升。（图 2–9）

躯干由上向下呈螺旋式下降时为“顺缠”，同时内气相随而降。（图 2–10）

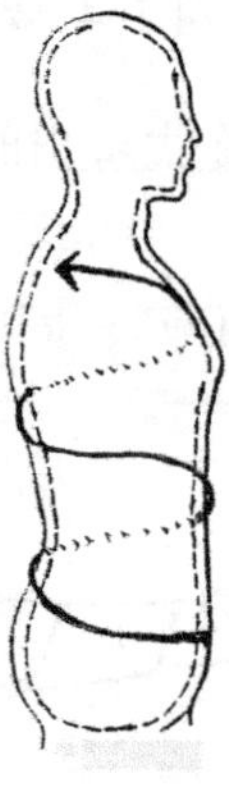

图 2–9　逆缠

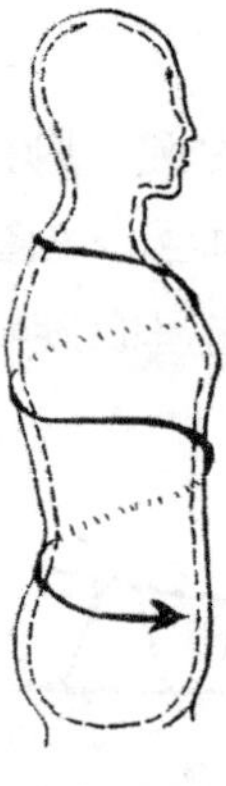

图 2–10　顺缠

综上所述，凡是“逆缠”式的进攻动作，为动分，为离心力，丹田内气运至四梢，以肩催肘，以肘催手，以胯催膝，以膝催足，为呼气，为发劲。凡是“顺缠”式的化解动作，为静和，为向心力，四梢之气归返丹田，以肩带肘，以肘带手，以胯带膝，以膝带足，为吸气，为蓄势。太极拳中的缠丝运动虽然有多种多样的变化，但是，归纳起来有一顺一逆缠丝、双顺缠丝和双逆缠丝三种组合方式。

第三节 缠丝功

缠丝功是练习太极拳和推手既科学又独特的训练方法。练习太极拳和推手须明缠丝劲，不明其理就不懂其法，只懂缠绕而不具缠丝内功就不能克敌制胜，专求缠绕而不修炼太极内功乃舍本而求末。什么是缠丝劲?缠丝劲是隐于体内，入于骨缝，循经走脉，缠绕运行而流布全身的一种内功。怎样求缠丝劲?外循螺旋内合缠丝，使螺旋之外形合于缠丝之内气，久而久之即可形成混元之气。内缠外绕、外呼内应互为表里，以独特的缠法结合内气的导引，使练习太极拳和推手时达到表里一致，内外相合，周身一家，久久练习即可形成缠丝内功。内功是缠丝劲形成之基础。缠丝劲是太极拳和推手运动法则，运用于外则是螺旋运动，隐于内则是缠丝内劲。

太极拳和推手中的螺旋缠绕运动，是在思想意识的指导下，以内劲作动力，通过旋转催动外形，形成圆形或弧形运动，以达到身体各部位的虚实转换，是太极拳和推手中的精华所在。太极拳和推手中的缠丝大致分为里缠、外缠、大缠、小缠、左缠、右缠、上缠、下缠、前缠、后缠、正缠、斜缠等等表现方式。但归纳起来可分为两种：一是顺缠，二是逆缠。练习太极拳和推手时都要做螺旋式缠丝、伸缩而形成圆形运动。大家知道圆形承受力最大，因为圆形运动可以改变外来力和自身力的角度和方向，还可以改变运动速度。

缠丝劲的运用及提高有以下几个转变过程，先练由大圈至中圈，再由中圈变小圈，直至达到有圈而不见圈，有形而不见形的精深功夫。这样在推手时就能达到力发一点、点点透骨了。这是缠丝劲高深功夫的表现。打一比喻，如果我用2.5千克重的棉被来打你，你不会感到害怕，不会感到会伤害自己，反过来如果我用同样重的2.5千克铁砣来打你，你就会马上意识到身体或生命受到威胁了。这是什么原因呢?这就是同样的重量只因为体积变小而力量集中了的缘做。所以会在小的体积上产生出巨大的能量与穿透力。这样的效果运用于太极推手中叫力发一点、点点透骨。它在推手技击搏争之中，能起到以小力破大力、以弱胜强、四两拨千斤的作用。此功法是练习太极拳和推手的重要技术，也是基本功。

缠丝劲能够使全身内外一动无有不动，在同一时间内综合地完成神经、呼吸、循环、经络、肌肉及五脏百骸系统的锻炼，坚持练习缠丝劲可内练精气神，外练筋骨皮。通经络入骨髓，气达周身形成一种混元气，运用在太极拳和推手上可处处体现环形运动。使颈、胸、腰、腹、臀、肩、肘、腕、胯、膝、足处处缠丝，使全身上下18个关节部位形成18个小球，多方位地同时顺逆螺旋缠绕，从而使全身成为一个动静相兼、蓄发相变、内外合一、上下相随、周身一家、混元一体的一个大的太极球。在推手技击时就能一动一太极，一触即旋转。快触则快转，慢触则慢转。形未动意先动，彼微动己已转，一动无有不动之处，阴阳虚实变换自在其中。触转时，阴面为引空，阳面为进击，称之为“引进落空合即出”。形成化中有发、发中有化的乱环圈。又由于丹田呼吸炼成的先天之气，使太极球中充满了混元气，周身形成一种气膜，神气护体，内劲浑厚，使之破之不开，撞而不散。发动时以意气鼓荡丹田，就能在接触点上形成有弹抖劲或崩劲的乱环圈，劲发一点，点点透骨，而攻无不取、无坚不摧，运转自如后随心所欲，临阵交手，使对方如临漩涡之中，而我如同不倒翁而立于不败之地。

练习太极拳和推手非常注重腰脊的螺旋缠绕，而胸腹的折叠开合也是太极拳和推手的一个突出特点。在腰脊螺旋升降运转之中，胸腹相开，由里而外为逆缠；胸腹相合由外而里为顺缠。

练习太极拳和推手时的每一招每一势总是以腰脊的螺旋缠绕开合折叠主宰全身肢体的螺旋运化。或一顺一逆，或双顺双逆，或顺缠左下合，逆缠右下开。右胸和左腹斜向相合相开，浑身俱是缠丝劲。似蛟龙左旋右转，似麻花亦绞亦拧，似漩涡湍流急转，又似大海波涛翻滚。运化全在胸腹之间，是以身躯的缠绕运化最为重要，缠丝内劲皆源于此。故拳经云，“浑身俱是缠丝劲，大约里缠、外缠，皆是随动而发”，“其劲皆发于心内，入于骨缝，外达于肌肤”。五脏藏于胸腹，经络源于五脏，心为一身之主，腹为内气之源，腰为发动之机，胸为运化之府，脊为督气之径，肢为运动之道。练习太极拳和推手时如气海不做吸引、胸腹不做开合，则中气就不能达于丹田，经脉也难以沟通。故外则通过腰脊的螺旋运转、胸腹的折叠运化来带动肩、肘、腕、胯、膝、足和项的螺旋运动，由头顶至足上下相随，螺旋升降，一动无有不动之处，一缠无有不缠之处而形成 18 道螺旋之圈；内则以心神为君，肾间动气，发于丹田，贯于经络，行于经脉，入于骨缝，达于四梢。缠绕运行使之周流全身，而又复归丹田。其重要者，即气不离丹田。诸靠缠绕心身一家，可练至一粒混元之气，形成一股而非几股的缠丝内劲，可见内缠外绕最为重要，也最为基本。

要想明其理、懂其法并应用之，须有明师指导引路，再经过长期认真刻苦研练，功到自然成，就一定能掌握并运用好缠丝劲。

缠丝功歌诀

太极乱环应求精，上下相随妙无穷；
引彼深入乱环内，四两可拨千斤动；
手脚齐进横有竖，纵放屈伸不露形；
螺旋缠绕是真诀，左顾右盼莫丢顶；
三节发力螺旋劲，精神领起势要惊；
内讲混元气固本，外有身法八方迎；
上惊下取君须记，乘虚巧取任意行；
闪展腾挪多变化，引进落空箭出弓；
欲知环中法何在，发环落点即成功。

第四节　抓住丹田练内功

太极拳是内家拳，特别注重内功的修炼，以功为本的思想贯穿于整个太极拳和推手运动的始终。拳谚所述“练拳不练功，到老一场空”，“力不敌法，法不敌功”，讲的就是修炼内功的重要性。所以，“抓住丹田练内功”是求学太极拳和推手的根本所在，是修炼太极功夫各项内容中的核心。

内功的实质就是意气相合、神气合一，内功的物质基础是精、气、神。内功的质量取决于习练者本身的精、气、神的质量，所以欲提高内功，首先应从培养壮大精、气、神入手。精足则气足，气足则神旺，神旺则形全，以养为主，养炼有机的结合是修炼功夫的内涵。其关键在于要“抓住丹田炼内功”。要气气归根，根在丹田。这是修炼丹田的要诀。

抓住丹田练内功就是以心为主宰，开合、收放、出入皆在丹田。想开时主动，则气出丹田运行四肢。想合时主静，则气由四梢归合于丹田。前进时则气由命门涌向肚脐。后退时则气由肚脐引至命门。左旋时，则丹田左转，气沿带脉左转圈。右转时，则丹田右转，气沿带脉右转圈。中定时，则上、中、下三丹田中气贯通。周身缠丝旋绕皆与丹田内转相合，意念、动作、呼吸的开合收放也要配合丹田的开合收放。

要意、息、形相依，势势归根，息息归根，气气归根，根在丹田。气气归根其意就是意想着丹田的呼吸，耳内听丹田的呼吸，眼内看丹田的呼吸，三性归一意守丹田。意、息、形相依而归根，神气合一在丹田。久之则丹田内生气，气满丹田，丹田自壮，气血旺盛，周流全身，荣华四梢，内强外壮，生机勃勃。

修炼丹田还要会练会养。所谓养，即养气、养精、养神，为首要。十年练功要十年养气。气以直养而无害，久久养练形成浩然正气。气血者，吸天阳以养气，吸地阴以养血，气为主而血为配，“有形之血生于无形之气，有形之血不能速生，无形之气则当早固”。气化物生，气盛物壮，气正则物和。所以气应养。精足则气足，气足则神旺，所要静心安身，清心寡欲，固精养精保精，精气充满而不外泄，炼精化气，还原于身。念止神来，念动神离，心静则神宁，静心能养神。所以练习内功时，心要静，静养精，静养气，静养神，静才能三性归一意守丹田练内功。

求学太极内功时动作宜慢不宜快，因慢练而养气，慢练能形与气相合。所以练功须从无极始缓慢而动，至收功结束，默默停止，形似潺潺流水，又似和煦春风，柔顺和缓，沉稳兼备。每招每势均要缓慢，开展时要缓慢，沉合时要缓慢，一起一落要缓慢。总之，慢能思上下左右是否相随，慢能感知内外是否六合为一，慢能求神气不断，慢能求周身一家。心静慢练，随着外形动作和缓而动，引动内气于体内缓缓而行，使意气相合，神形合一，顺其自然之势，合其混元之道，达至物我两忘之境。

待丹田内气修炼至充实饱满以后，便可体感到腹内似有一球状物，在太极拳和推手发劲动作时，丹田球也相随进行前后鼓荡运动。随太极拳和推手旋转动作时，丹田球也相随而转动，慢动则慢旋，快到则快旋。旋转时阴面为引空，阳面为进击，丹田球旋转一击即为引进落空的全过程。真可谓化中有发，发中有化，一动一太极。修炼内功达到此水平后，方能真正地体感到内外合一、表里一致高深境界的练功效果。

综上所述，太极拳是意气运动，练习太极拳和推手是调整形与气关系的过程，形是方法而气是内容。对太极拳和推手的认识与修炼，如果仅仅停留在外形上，则是没有抓住实质，只是初级阶段的效应。只有深入提高了内功“气”的层次，才能达到意气形合一。修炼太极拳和推手达到高级阶段时是“内形”运动，此时才能真正掌握太极拳和推手的运动规律。

第五节 循时修炼

据易经之理，一年分四季、十二个月，有二十四节气。气候不同，自然界阴阳消长亦在随之而不断的变化。其变化必然影响到人及物。春长，夏旺，秋收，冬藏。因此修炼者应当参照一年四季十二个月的阴阳变化而有规律地进行练功。

春夏两季练功应以养阳为主。秋冬两季阳气潜藏，练功应以养阴为主。阴得养则阳潜而内藏，保持生命之能力，以待春季来临，生机萌发。故内经云：春夏养阳，秋冬养阴。其意是春夏是阴消阳长之时，所以春夏练功应选择在六阳之时，秋冬是阳消阴长之时，故秋冬练功应选择在六阴之时，顺应自然界天地气候变化而修炼。

据易经之理，一日分为十二个时辰，十二个时辰之中，子时为阴极而阳生，阴消阳长，从子时起，丑、寅、卯、辰、巳六时辰为阴气渐消渐衰，而阳气渐生渐盛，所以称为六阳时。午时为阳极而阴生，阳消阴长，从午时起，未、申、酉、戌、亥六时辰是阳气渐消渐衰，而阴气渐长渐盛，所以称为六阴时。循时练功之意，是根据一年之内不同的季节变化和一日之内不同时辰的阴阳消长变化规律而修炼。循天地自然界变化之理，人相应地协调阴阳，选择适合自己情况的季节时辰来练功。此名为生气之时和同气之时。以取外而补内，疏通经络，促进气血运行。

练功时间与方位，来源于古典名著《内经》中的子午流注学说。它是根据自然界的一切事物有规律的周期性的变化，研究人体生理机能活动、病理反应变化及与自然界周期性同步变化的关系。基本内容有脏气法、五输配五行、经络气血流注有时等等。

子午流注，具有阴阳、时间、方位变化的含义。如一年分为春、夏、秋、冬四季；一日分为早、中、夕、夜，子、午、卯、酉等时。子时为阴盛之时，阴极则阳生。午时为阳盛之时，阳极则阴生。卯、酉为阴阳各半、阴阳平衡之时。子午为经，指南北、上下方位。并与南北极磁场相关。卯酉为纬，指东西、左右方位。流注本指自然界水之流动转注，而在气功修炼时，则指人体内气血流动循环变化。

因人本身有一个生物钟，生理变化和生活规律是与自然界变化规律相吻合的。经络的开合又是随时间而变化，与自然界变化规律相吻合的，所以在与脏腑经络相通应的时辰（时间）练功，功效会更好一些。例如，午时 11:00~13:00，此时与心气相通，是心经气旺之时，调养心脏功能应选择在此时练功。又如，酉时 17:00~19:00，此时与肾气相通，是肾经气旺之时，调养肾脏功能应选择在此时练功等等。如此类推。

下面是各脏腑气旺的时间表：

胆经旺于子时	23:00~1:00
肝经旺于丑时	1:00~3:00
肺经旺于寅时	3:00~5:00
大肠经旺于卯时	5:00~7:00
胃经旺于辰时	7:00~9:00
脾经旺于巳时	9:00~11:00
心经旺于午时	11:00~13:00
小肠经旺于未时	13:00~15:00

膀胱经旺于申时 15:00~17:00

肾经旺于酉时 15:00~17:00

心包经旺于戌时 19:00~21:00

三焦经旺于亥时 21:00~23:00

子时气血流注于胆

胆者，中正之官，决断出焉，属木，肝之腑也，为中清之府，十一络皆取决于胆。人之勇，祛邪正于此，故从胆，有胆量方足担天下之事。胆主仁，故以胆断之。胆附于肝之短叶中，仁者无穷也，属足少阳之脉，少血多气。

丑时气血流注于肝

肝者，将军之官，谋虑出焉。肝木脏，魂所藏，居于膈膜之下，亦有系络，上击下心包，其经叶中有胆附焉。盖肝者干也，以其体状有枝干也，其合筋也，其容爪也，开窍于目，属足厥阴之脉，多血少气。

寅时气血流注于肺

肺者，相传之官，治节出焉。肺为金脏，魄所藏，为五脏之长，心之盖生气之原，上接喉窍，下覆诸脏，主呼吸出入，为人身之菅盖。肺者沛也，中有二十四孔，分布清浊之气，以行于诸脏，使沛然莫御也，其合皮也，其索毛也，开窍于鼻，属于太阴脉，少血多气。

卯时气血流注于大肠

大肠者，传道之官，五味出焉。属土，脾之腑也，故从田。田乃五谷所出，以为五谷之市也。又胃者术也，水谷入胃游溢精气，上出于肺，畅达四肢，布护周身，足以卫外而固也，上接喉窍，居于膈膜之下，其左有小肠，属足阳明之脉，多血少气。

辰时气血流注于胃

胃居中焦，五行亦属于土。《灵枢·玉版》曰：胃能容受消化，欲食以生气血。胃者，水谷气血之海也。《素问·玉机真藏论》中说，五脏皆禀气于胃，胃为五脏之本也，胃气以降为顺。

巳时气血流注于脾

脾居膈下，位于中焦，为阴中之至阳，在五行中属土，主至于长夏。脾为后天之本，气血生化之源。脾气主升，脾主运化，有流摄血之功能。脾主肌肉，其华在唇，开窍于口。《灵枢·本神》曰：因志而存变，谓之思，思为脾之志，少血多气。

午时气血流注于心

心者，居主之官，神明出焉。心火脏，故不欲。其炎上盖，心者新也，心主血脉，日新，新新不停，则为平人，否则病矣。其合脉也，其荣色也，开窍于舌，其位居于肺之下，心包之上，其有系络上击于肺。凡脾、胃、肝、两肾、膀胱各有一系络，击于包络之旁以通于心，故包络为心之外卫，心为五脏六腑之君主，属于少阴之脉，少血多气。

未时气血流注于小肠

小肠者，受盛之官，化物出焉。属火，为心之腑，居于胃之左，上接于胃，其下即大肠、膀胱，门之精者出大肠，清者渗入膀胱。盖人纳水谷，脾化气而上升，肠则化而下降。以肠者畅也，所以畅达胃中之气也，畅通则为平人，否则病矣。属于太阳脉，多血少气。

申时气血流注于膀胱

膀胱者，州都之官，津液藏焉，气化则能出焉，属水为肾之液，盖膀胱者，膀胱光也。言气血之元气足，则津液旁达不窍，而肌膝皮毛皆因以光泽也。为足太阳之脉，多血少气。

酉时气血流注于肾

肾者，作强之官，伎巧出焉。肾，水脏，藏精与志，为先天之本，精神之含，性命之根也。盖肾者引也，能到引气通干骨髓，又肾者任也，主骨即任因房之事，故强弱之其合骨也，其荣发也，开窍于二阳。属足少阴之脉，少血多气。

戌时气血流注于膻中（心包络一名手心主）

膻中者，臣使之官司，乐出焉。为水脏之外卫，故曰相火。代君王而行事，亦有主名，保以击之以手，盖以平厥阴之脉，出属于心包手三肠之脉，散络心包是手与心主合，所以心包络称心主五脏，加此一脏实六脏也，即手厥阴足络，多血少气。

亥时气血流注于三焦

三焦者，决三实之官，水道出焉。属火，为心包络之腑。盖焦者热也，三者上中下三焦之气也，满腔中热气布护始能通水道。上焦不治则水流高源，中焦不治则水流中腔，下焦不治则水乱二便，三焦气治则脉络通，而水道利。故曰，决三实之官。属于少阳脉也，少血多气。

但是修炼气功不必拘泥于此，对于练功时辰的选择，古人又多强调在子午卯酉四时来修炼，称之为四正时。并把此四时比喻为：朝晨为春，日中为夏，日入为秋，夜半为冬。子时属阴，阴气正盛，为阴极阳生之时。一阳生五阴降，一阳生于五阴之下，自然界阳气来复，天地人相应，可助人身元阳之气发生，可助肾水上升、精化为气。故道家气功重视子时练功，子当生火、起火、进火炼丹。子时练功主静，此时修炼应以静功为主，以动功为辅。练功方位：面朝北。

午时属阳，阳气正盛，为阳极阴生之时。一阴生五阳降，此时人身之气正走于心经，心为阳中之阳，两阳相合，阳气必然亢盛，但此时一阴生阳气渐渐呈下降趋势，因阴阳互为其根，所以此时练功必助元阴之气生长，而收敛亢阳，使诸阳之气随一阴潜降而不至于刚燥。此时修炼应以动功为主，以静功为辅。练功方位：面朝南。

卯时日出阳进之时，为四阳二阴，阳进阴消，人身阳气长势已成。此时练功正助阳气茁壮成长。卯时在人身经气正走于胃，胃属土，土生万物，胃乃后天之本。道家气功强调炼后天补先天，故重视在卯时修炼。练功方位：面朝东。

酉时日落夕阳之时，为四阴二阳，自然界气候由清转浊，此时练功有助元阴之气充盛，利于阳气藏养。酉时在人身经气正走于肾，肾属水而藏精，精乃先天之本。肾精外泄成人，闭固修炼则精化成气，阳藏阴中为真阳。故道家气功修炼重视炼精、固精、养精，强调在酉时练功。练功方位：面朝西。

子、午、卯、酉四时的阴阳变化是自然界阴阳消长的转折点。天地人相应，人以天地之气而生，所以气功修炼顺应自然界变化，可促进人体阴阳相互平衡，相互协调。依子午练功是修炼心肾，使心肾相交，上下相固，达到水火相济，是修炼小周天功，古时称之为子午周天。依卯酉练功是修炼大周天功，古时称之为卯酉周天。

第六节 阴阳学说

阴阳学说是古代劳动人民认识自然、利用自然、改造自然的理论工具，具有朴素的唯物论观点，也是道家的“道法自然”的核心。

阴阳是划分和说明两种既相互统一，又相互对立，既相互依赖，又相互制约的矛盾着的事物的性质和相互间关系的理论。它适用于任何领域。

太极拳、气功和中医学引进这个理论，是因为人与自然是一个统一整体，在人体反映着自然界各种变化的结果。人体是一个阴阳相互维系的整体，保持着与自然界的和谐，维持着正常的生理活动，若阴阳的某一方面发生偏盛或偏衰的现象，就会使阴阳失去相对的动态平衡而发生病变。通过修炼太极拳，可使机体内失去平衡的阴阳在不断的运动变化中得以调整，恢复平衡，从而达到祛病、健身的练功效果。

无极原指宇宙之初、天地未分、万物未生之时的景象，形容为空空洞洞，混混沌沌，无色无象，无端无形，无一物而包万物。无极的本质特征是“静”，即内外俱静。

将无极之理引用于练功，先求静，静极则生动，动则产生阴阳。静为阴，动为阳。静是本体，动是作用。动从静中生，阳从阴中来。外静而内动，外动而内静，从而达到静中有动，动中有静，动静相兼。不经过静极生动的无极修炼，就不能产生意气循环运行。所以我们修炼太极拳，应遵循古人传留下来的“练功须从无极始，阴阳开合认真求”的宝贵练功经验。

无极生有极，有极生两仪，两仪就是阴阳，阴阳便是太极。其理必然是清气上升为天，为阳；浊气下降为地，为阴。天阳地阴交合，万物自生。阴阳的本质特征是：阴中有阳，阳中有阴，阴阳相济，太极为真。古人云“太极者，无极而生，阴阳之母”，即为此理。

中国古人根据阴阳、动静的运动变化规律，在无极的空圈内画了一对动静旋转开合对称的黑白鱼，分别代表阴阳二气，黑者为阴仪，白者为阳仪。黑中含一白点代表阴中有阳，白中含一黑点代表阳中有阴，以此来表明阴阳、动静、开合、旋转互为其根，互相调济而滋生万物的交合之理，这就是相传至今的阴阳太极图。

阴阳变化之理大者可比天地，天地为两极，天为乾而积气覆于下，地为坤而托质载于上，覆载之间相去甚远，气质不能相交，天以乾索坤而还于地中，其阳负阴而上升，地以坤索乾而还于天中，其阴抱阳而下降，一升一降，运其阴阳循环之理，达至阴中有阳，阳中有阴，所以天长地久。天地阴阳交合而生三才，三才者，天、地、人，上天下地人居中间。人禀三才之中气，为物之最灵。

阴阳变化之理小者可比人身。以心比天，心属火在上为阳，以肾比地，肾属水在下为阴。练功时若使心火下降、心肾相交，即可水火相济，阴阳交合，肾水得心火熏蒸。以气比阳，以液比阴，气自液中生，液自心中降，即阴中有阳，阳中有阴，炼精化气，还精补脑。这一升一降，周天得以循环，阴阳得以调和，人自健壮，阴阳调和而生三才，三才者，精、气、神。神者心中之神，精者肾中之水，气者心肾之中气。所以人同天地万物，都离不开阴阳变化循环之理。

太极拳吸收引用了无极、阴阳、太极的辩证哲理，具备以下几个特点。

动静相兼。无极是静，静极生动则太极生，太极动静则阴阳分。静是阴，动是阳，动从静中生，阳从阴中来，太极拳不经过静极生动的无极修炼，就不能产生阴阳二气，而没有意气运行的内功，只有肢体的外动，不是真正意义上的太极拳。

太极拳是静中求动，动中求静，动静相兼的运动，无论是先求无极的静中求动，还是行拳走架的动中求静；不论是养生保健的静养灵根，还是推手较技的以静制动的后发制人，都离不开“动”与“静”二字，它贯穿于太极拳运动的始终。

对立统一。太极拳每个动作中的开与合、虚与实、动与静、柔与刚的变化，既对立又统一。一而二是阴阳，二而一是太极。两者相互联系，相互依存，相互作用，使运动处于统一的整体之中。如上与下、左与右、前与后、内与外、进与退、升与降、屈与伸、顺与逆、蓄与发等等，离开了对方，自己也就不存在了。所以太极拳理论中强调遵循“有前必有后，有上必有下，有左必有右，有内必有外”对称平衡的运动规律。

相互转化。阴和阳是矛盾的双方，以各自的对立面为条件，互相影响，互相变化，互相渗透，互相调整，互助互用，互为其根。如太极拳中欲上先下，欲左先右，欲前先后，欲开先合、欲合先开，化刚为柔、积柔成刚，阴中有阳、阳中有阴，开中有合、合中有开，虚中有实、实中有虚，柔中有刚、刚中有柔，化中有发、发中有化等理论，说明了太极中阴阳互济、虚实互助、刚柔相济、蓄发相变、互相转化的关系。

一切事物的转换变化，都是由量变到质变的过程。练习太极拳也是这样。太极拳是意气运动，通过练拳时“三性归一”

式的意守丹田，便能产生静极生动、动极生静，意到气到、气到力到的练功效果。又如练习太极推手也是这样。先由初期水平的“明劲”阶段，转化过渡到中级水平的“暗劲”阶段，再过渡到高级水平的化劲阶段，功夫得以提高进步的过程，就是由量变到质变，精益求精的转化过程。

综上所述，太极拳由于包含了以上几个特点，所以，练习太极拳和推手的过程就是调整阴阳、动静、虚实、刚柔、快慢平衡的过程。它贯穿于太极拳和推手运动的始终。

图 2–11 阴阳变化规律图示

第七节　太极拳和推手技击调节身体平衡的几个规律

力学中物体有三种基本平衡状态，即稳定平衡、不稳定平衡和随遇平衡。

人体运动与物体平衡的区别在于，人体运动中可以通过调整肢体各部分的活动来维持平衡状态，即使有超出了中正范围的现象时，也可以通过调整身法、步法、手法，使之重新纳入中正范围之内。太极拳和推手技击时保持身体平衡的方法有以下几种。

一、稳定平衡

把锥形体像塔一样地放置正直，其圆形底面平稳地放在地面上，尖端朝上，这时重心较低且重心的投影点处于圆形底面正中，上轻下重，稳定性极佳，故称“稳定平衡”。（图 2–12）

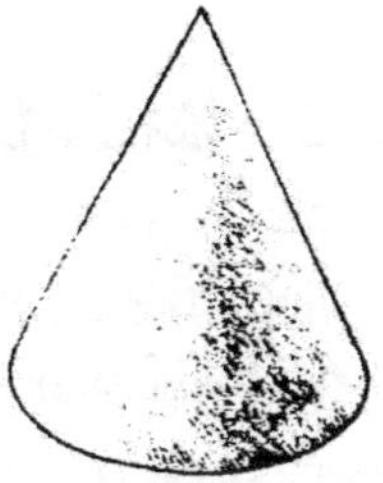

图 2–12

太极拳和推手时的稳定平衡表现为，不论进、退、顾、盼、定，都能做到立身中正、不偏不倚、上下相随、周身协调一致地保持相对的稳定状态，均属此类。

二、不稳定平衡

把锥形体颠倒过来，使之尖端朝下，底座朝上，此时底盘只有立锥之地，它的重心很高，头重脚轻，以致只能有不稳定的、极短暂的平衡，故称“不稳定平衡”。（图 2–13）

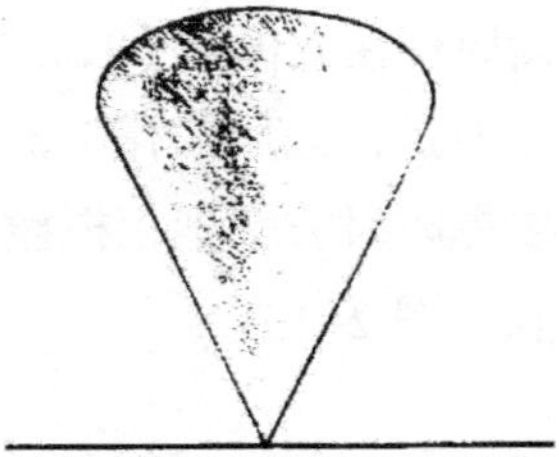

图 2–13

太极推手技击有时出现的前倾、后仰、左歪右斜、身体处于失重的状态下都属于不稳定平衡之列。这种情况除了通过运用步法进行调整之外，还可以运用跨跳、弹蹦、旋转等方法，使身体腾空，并争取在落地时，将自己的身体重心重新调整到立身中正的范围。这样才能达到拳论所述："平衡之中有攻守，积极平衡，处处主动，消极平衡，处处被动。"

三、依托平衡

用单向或双向依托构成联合底盘，来取得暂时平衡。例如，我们站在公共汽车上，当遇到紧急情况刹车时，随之产生的惯性会使身体迅速向前倾斜，此时如不扶靠物体，严重时有跌倒的可能；如手扶物体或身体靠物，又可重新恢复到平衡状态。这就是依托平衡原理在日常生活中的一些现象。太极推手技击时，有些技击动作就是根据平衡原理来调整身体，使之重新恢复到平衡状态的。

推手时，当对方以捋劲的方法，将我身体重心牵引出了中正范围时，身体迅速向前倾斜，在严重失重的状态下，我运用调整步法迅速跟进，以身、肢依靠在对方身体上的办法，取得暂时的平衡，再用挤劲的方法转守为攻，既能达到调整、恢复自身的平衡状态，又能达到攻击对方的目的。此方法就是依托平衡原理在太极推手技击中的实际应用。

但是，运用依托平衡时，必须注意要应用得恰到好处，同时要提防对方"把拐棍撤掉"放空劲，使自己发生跌扑。（图2–14、图2–15）

图2–14

图 2–15

四、撞碰平衡

指借用物体碰撞产生的反作用力，使之恢复到平衡稳定的状态。

太极推手技击时，有些技术动作就是根据力学中的撞碰平衡原理，进行调节、恢复，以保持身体平衡状态的。例如，推手时当对方以采劲的方法，将我牵引落空后，身体重心出现严重倾斜，我将有扑跌在地的危险。此时，我如能及时调整步法，顺势迅速跟进，并以向前扑推或冲撞对方的方法，既能调节、恢复自身的平衡状态，化险为夷，又能达到积极主动地进攻对方的目的，反败为胜。此方法就是撞碰原理在太极推手技击中的实际应用。（图 2–16、图 2–17）

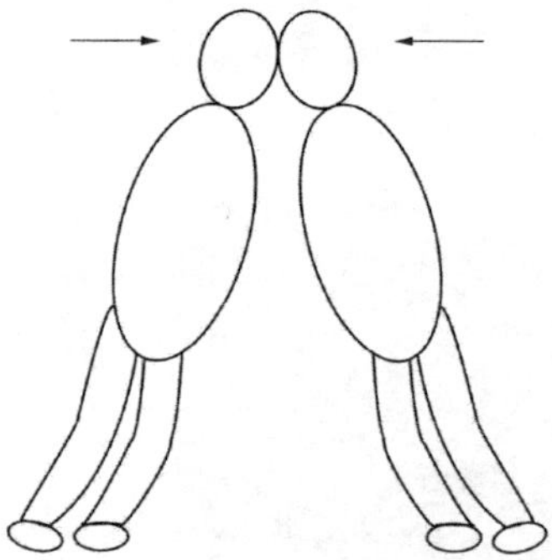

图 2–16

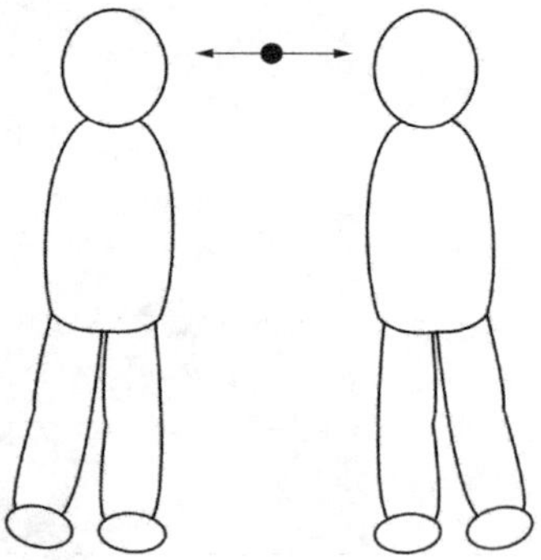

图 2–17

五、随遇平衡

犹如球形物或把圆木棒横放，不管它如何滚动，重心都保持在一定的高度不变，故称“随遇平衡”。（图 2–18、图 2–19）

力学原理使我们懂得，圆形承受力最大，受阻力最小，圆形运动可以改变外来力和自身力的角度和方向，还可以改变运动的速度。

练习太极拳和推手时强调的处处走弧形，动作要圆满、灵

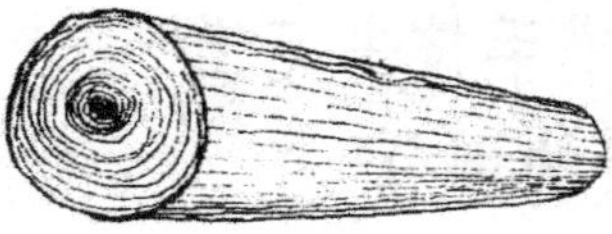

图 2–18

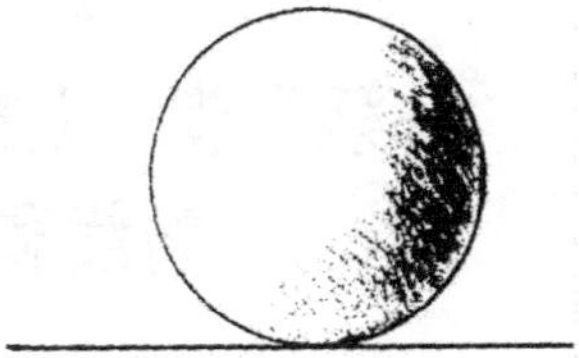

图 2–19

活、不凹不凸、勿有缺陷、不起棱角，一身备五弓，力撑八面和缠丝功的应用方法等等，都是圆形运动规律在太极拳中的实际应用。又如在太极推手当外来力推来时，“以腰为轴”式的身躯向左右旋转时的化劲；当发生跌扑的情况时，借用团身滚翻来保护自己，并能调整到平衡状态，以利再战。螺旋缠绕式的缠丝功在推手中的运用，都是圆形运动规律、随遇平衡原理在太极推手中的实际应用。虽然形式上身体各部位的旋转变化和两脚随机应变的虚实转换与随遇平衡有所不同，但却有着相类似的实际效果。

太极拳和推手技击对称协调平衡的内在规律，可以总结为以下五个方面：

（一）意欲向上，必先寓下。

（二）意欲向左，必先右去。

（三）前去之中，必有后撑。

（四）上下左右，相吸相系。

（五）对拉拔长，曲中求直。

这五个对称协调平衡方面的规律，可运用于太极拳和推手的动作中。由于具体动作技术要领细致复杂，学练的人不经过有经验的老师亲自示范和指导，是不容易摸索出来的。然而，太极拳的技术复杂难练之处，也正是它的引人入胜之处。

第八节　太极拳推手技击三道防线和三盘的划分

一、太极拳推手技击进攻与防守的三道防线

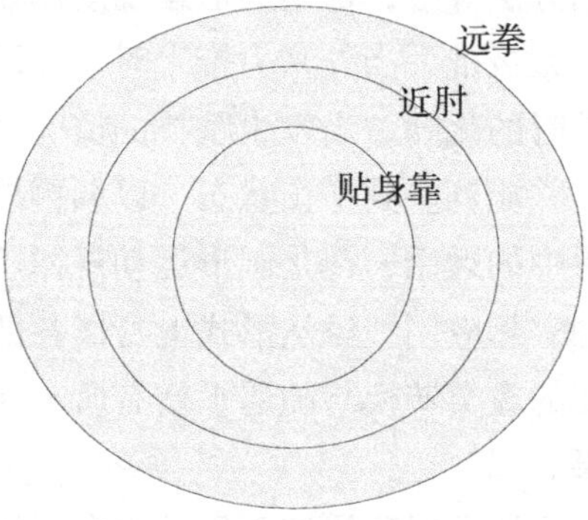

图 2–20

（一）技击与防守的第一道防线为“手与脚”。

（二）技击与防守的第二道防线为“肘与膝”。

（三）技击与防守的第三道防线为“肩与胯”。

太极理论称：“远拳，近肘，贴身靠。”将技击与防守的距离划分为“三道防线”。（图 2–21—图 2–23）

图 2-21

图 2-22

图 2-23

二、太极拳推手技击三盘的划分

（一）肩锁关节连线以上为“上盘”。

（二）肩锁关节连线以下至肚脐一周以上为“中盘”。

（三）肚脐以下至脚为“下盘”。见图 2-24。

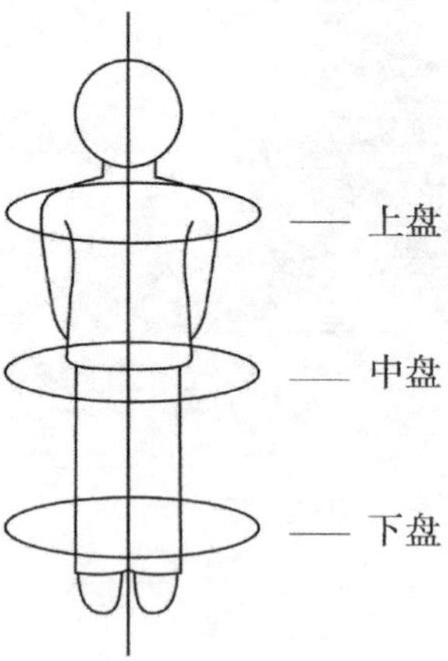

图 2-24

太极推手技击理论中有“上盘主手法，中盘主身法，下盘主步法”“头顶太极”，身揣五行，脚踩八卦”之论。

第九节 太极拳以腰脊为轴，一触即旋的圆形运动之理

太极拳理论中强调“以腰脊为轴，一触即旋”之理，在于人体是由多轴线组成的，肢体的每一个环节都能做局部旋转运动。缠丝功就是基于此理来调节身体各部位、各关节之间的旋转运动。但从整体的旋转运动来讲，运用的有四种基本轴。

一、纵轴

从头到脚，垂直地贯穿在身体中央，即太极拳理论中强调的“上下一条线”（中正线）。（图 2–25）

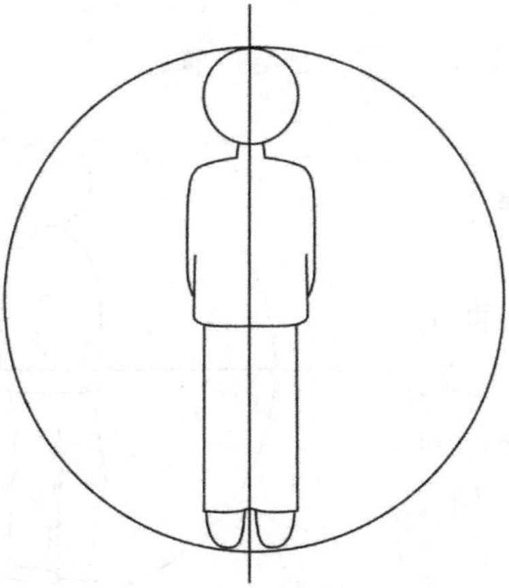

图 2–25 纵轴

二、横轴

呈水平地贯穿于身体左右一线。横轴用于推手技击，当前倾时用于前滚翻，当后仰时用于后滚翻，以此来调节身体保持平衡的状态。（图 2–26）

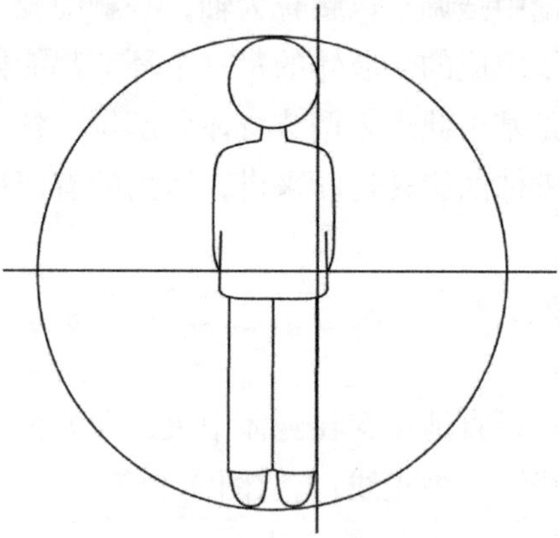

图 2–26 横轴

三、矢轴

呈水平地直贯于身体的前后一线。用于向左右进行闪展腾挪时之用。（图 2–27）

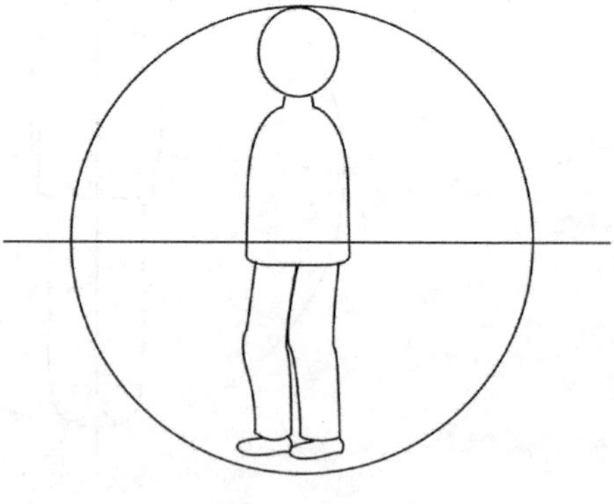

图 2–27 矢轴

四、副轴

人体能够做局部旋转的轴。例如颈、脊、腰、肩、肘、腕、胯、膝、足等等，称之为“副轴”，在练习太极拳和推手技击时广泛地得到应用。（图 2–28）

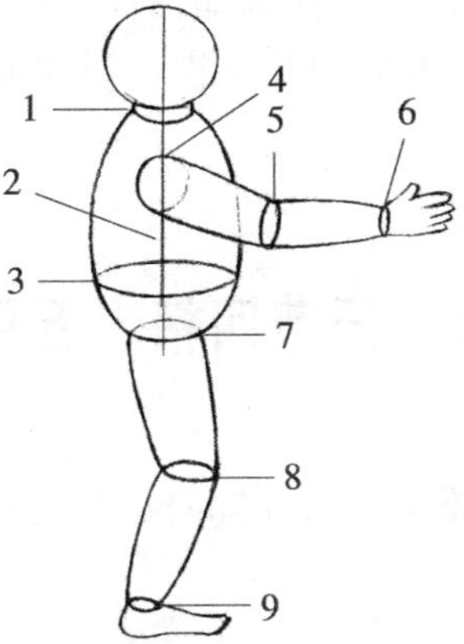

图 2–28　副轴

首先我们要弄懂轴的运动原理，轴是贯穿于旋转物体的一条无形的直线。不管这个物体是否安装了有形的轴（例如电机、汽车、飞机等），还是根本看不见的轴（例如人体、动物、球形物、星球等），只要它能旋转，就必然有一根无形的轴贯穿在这个旋转物体的中心。凡是旋转物体，不管它是在地面，还是在空中，它至少要围绕一个轴来旋转，这时才能形成旋转运动。在旋转时，轴与周围的旋转体是成直角的。

练习太极拳和推手技击中，人在地面上呈水平旋转时，轴通过人体的支点和重心，又称之为“中轴”“垂直轴”或“立轴”。这个从头到脚的中轴，正是在太极理论中反复强调的“以腰脊为轴”，也是在练习太极拳和推手技击时运用最为广泛的轴。运动中只要腰脊经常保持正直，中轴自然也随之正直。这时腰的左旋右转，以至做任何幅度的旋转，都能稳定而得力。就像门轴一样，轴的正直与否，直接影响到门的平衡。如果中轴不正，立身就必然歪斜。这样人体便会处在不稳定、不平衡的状态之中，自立不稳又如何能进行对抗性的推手技击呢?所以太极拳理论中强调并重视“以腰脊为轴，一触即旋”的圆形运动之理。

第十节　三节四梢，五弓六合

练习太极拳和推手技击须知身法中有三节、四梢、五弓、六合之分。

三节

指的是人体有上、中、下三节之分，又有梢、中、根三节之分。而上、中、下中又各有上、中、下之分。梢、中、根中又有梢、中、根之分。三三共为九节。

头为梢节，胸为中节，下丹田为根节，这是身躯三节，即中三节。手为梢节，肘为中节，肩为根节，这是臂三节，即梢三节。足为梢节，膝为中节，胯为根节，这是腿三节，即根三节。

九节之中各有其窍。中三节三窍：上丹田为梢节窍，中丹田为中节窍，下丹田为根节窍。梢三节三窍：肩井是根节窍，曲池是中节窍，劳宫是梢节窍。根三节三窍：环跳是根节窍，犊鼻是中节窍，涌泉是梢节窍。

练功时在意念的指导下循经走窍，节节放松节节贯通。运动起来其要点是起、随、追三字，即从梢节起，中节随，根节追，如臂动、身随、腿追，手动、肘随、肩追，脚动、膝随、胯追。使内气运行于三节，达至于四梢，统归于五行，贯注于九窍。全身内外、上下、左右、梢、中、根节节贯通总成一节。归于一气，表里合一，入于骨髓，出于骨缝，经丹窍贯经穴通遍周身。

四梢

指的是人体的四个末梢，即发（指毛发、汗毛孔）为血梢，指（手指、脚趾之筋）为筋梢，舌为肉梢，齿为骨梢。四梢能一齐发动起来的具体表现为：发欲冲冠，指欲透骨，舌欲催齿，牙欲断金。除此之外，心、胆、气还须配合，心一动，气自丹田而出，四梢齐发动，胆量能稳定，五行必合。拳谱云：“气至丹田而去，如虎之恨，如龙之警，气发而为声，声随手发，手随声落，一枝动而百枝摇，四梢齐动鬼神惊。”此说明的是四梢能发动，是练拳或推手达到了有功夫时内功发动的表现。

五弓

指的是身躯犹如一张弓，两手为两张弓，两足为两张弓。五弓合一，即为全身的整体劲，“静如山岳，动若江河”，能蓄能发，滔滔不绝。“身似弓身劲如箭”，即是指的“五弓合一”。

身弓以腰为弓把，脐后腰脊命门穴始终以意贯注，中定而不偏倚摇摆，放劲时命门穴须往后撑。碰门（颈椎第一节）和尾闾骨为弓梢，上下对称，调节动度，加强其蓄吸之势。

手弓以肘为弓把，以意贯注于肘节，使沉着松静而有定向。手腕和项下锁骨为弓梢，弓梢必须固定，前后对称；手在松柔灵活中用坐腕来固定；锁骨用意来固定，不使偏倚摇摆；

锁骨管着两手的动向，锁骨的固定是两手固定的前提。

足弓以膝为弓把，胯骨与足跟为弓梢。足弓备，则膝节有力而微前挺，胯骨松沉而后撑，足跟下沉而劲往上翻，腰腿之劲自然相顺相随。“有上必有下，有前必有后，有左必有右”，相反相成，对拉匀称，这样就能做到劲起脚跟，主宰于腰，通于脊背，形于手指。

五弓以身弓为主，手弓、足弓为辅，是以腰为轴，两膊相系，两腿相随；上下相随，中间自然相随。练拳或推手时每变化一势，须检查是否五弓具备，是否形成“八面支撑”的蓄势。

六合

指的是内三合与外三合的总称。

何为内三合？心与意合、意与气合、气与劲合为内三合。而心与目合、脾与肉合、肺与肤合、肾与骨合、肝与筋合又称内合。

何为外三合？手与足合、肘与膝合、肩与胯合为外三合。而头与手合、手与身合、身与步合又称外合。

总之，内外合一，上下相随。所谓“一”者，就是自顶至足，四肢百骸，内有脏腑筋骨，外有肌肤皮肉，内外相合归于一。一动无有不动之处，一合无有不合之处。五脏六腑身肢百骸，精气神意在其中贯归为一。而又上动下随，下动上领，上下动而中部相应，中部应而上下、内外相合、前后相需、左右相系，周身一家、浑然一体。

第三章　身体各部位缠丝功的练习方法

练习缠丝功能达到三个功效：

调整身体各部位的关节，使其旋转自如，加大扩展活动范围。调整身体各部位的肌肉，使其达到放松的状态。促进演练太极拳套路内外协调，动作更加优美。

练习缠丝功时的螺旋缠绕式的运动和意守部位，有促进气血运行能力，达到意到气到，气到动作到，内外合一的练功效果。这对提高太极拳内功和祛病健身有良好的功效。

经常练习缠丝功能形成一种内外合一、一触即旋、力发一点、点点透骨、穿透力强的“缠丝劲”。太极推手技击时，能提高身体各部位技击和防守的有效率。久而久之，还能达到全身上下都是手，何处挨着何处化，何处挨着何处发，化中有发，发中有化，一动一太极之功效。

第一节　头　部

一、转头

动作

无极起势。两脚与肩同宽而立，双手自然垂于体侧或叉腰，

眼睛平视，头部均匀缓和地向左右转动。头肩要保持平直，身体自然放松，自然呼吸。如此反复练习。（图 3–1—图3–4）

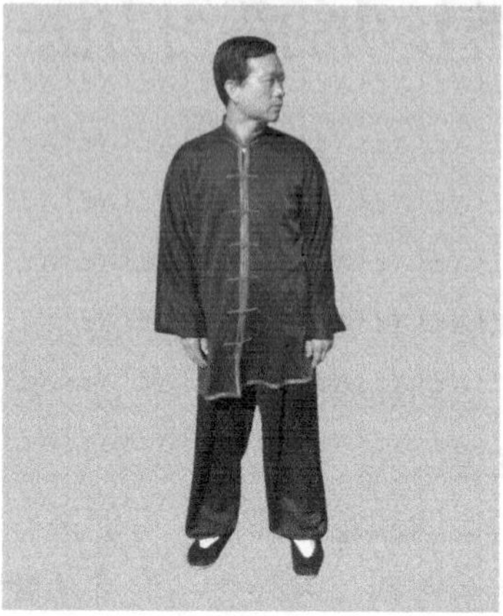

图 3–1

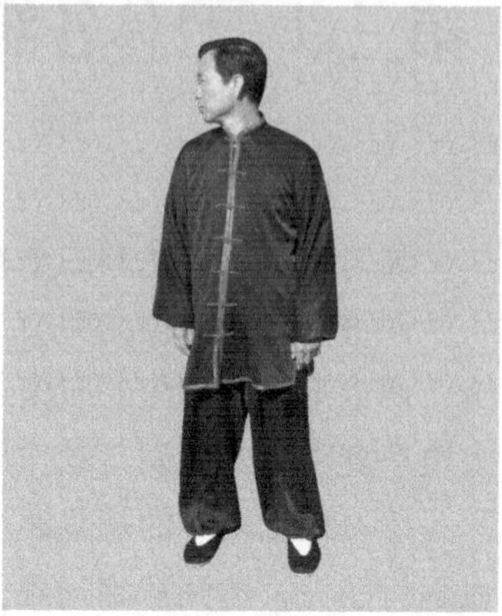

图 3–2

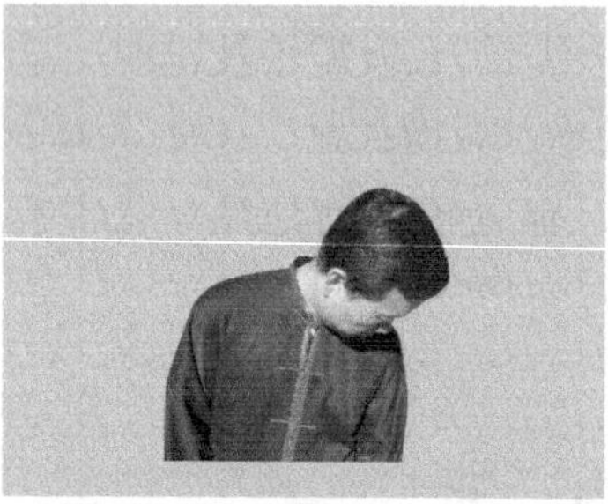

图 3–3

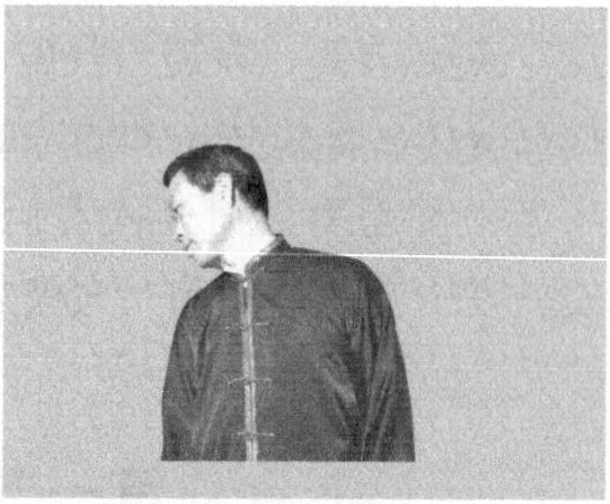

图 3–4

意守部位

上丹田。位置在两眼正中祖窍穴深处。（图 3–5）

功效

有清脑怡神，促进改善大脑血液循环和供氧能力之功效。

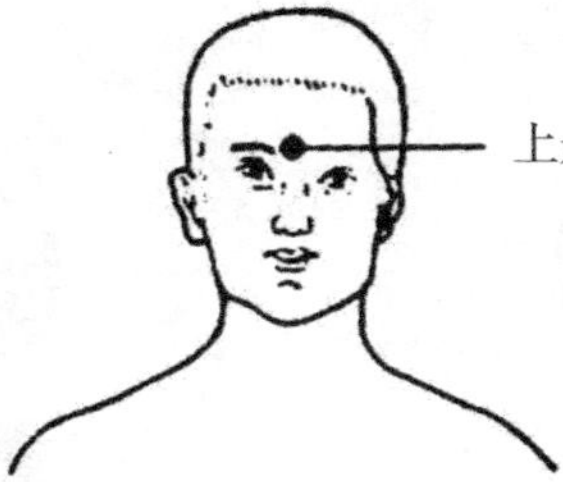

图 3–5

提示

练功者如患有高血压、头昏、头痛等病症，不宜守上丹田时，可以取消意守上丹田的意念，只练习动作。如有不适时，可改练其他动作。

头部姿势的正确与否是练习好太极拳和推手动作以及保持立身中正“上下一条线”的关键。头部姿势正确能有效地防止前俯后仰、左右歪斜之弊病，高度发挥对人体平衡的控制作用。

二、旋颈

动作

无极起势。两腿与肩同宽而立，双手叉腰，颈部在头的引领下，由前向右、后、左沿顺时针方向旋转。转动时动作要均匀缓和，连贯自如，上身相随而动。自然呼吸。如此反复练习后，再向相反方向练习。（图 3–6—图 3–8）

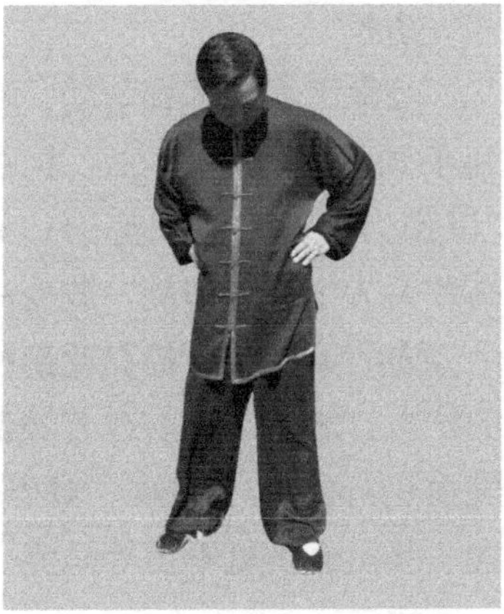

图 3–6

图 3–7

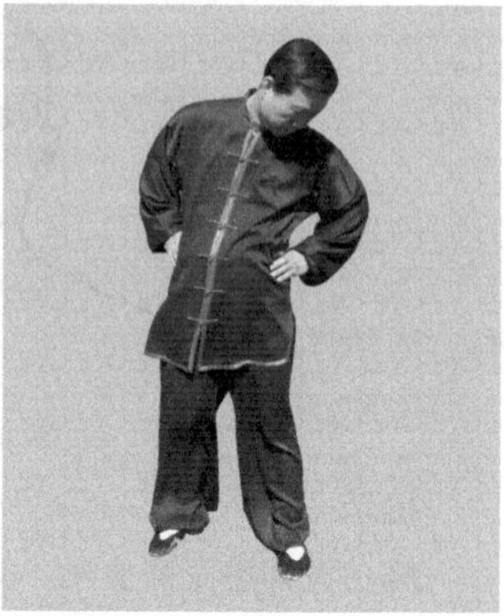

图 3–8

意守部位

大椎穴。位置在后背正中线上，第七颈椎棘突下凹陷中。（图 3–9）

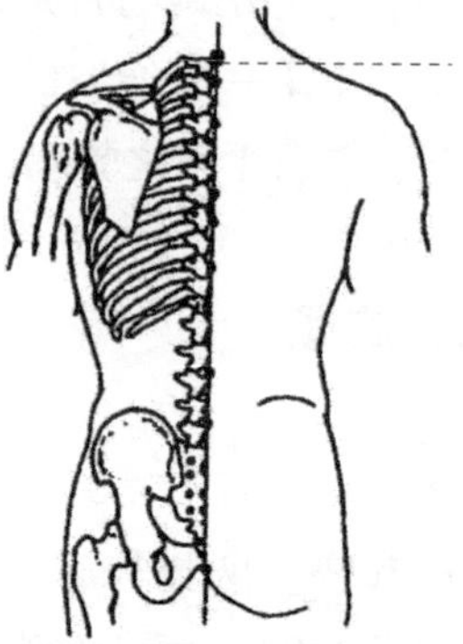

图 3–9

功效

经常练习颈部缠丝功，有利于颈关节松开，加大扩展“以颈为轴”的活动范围，提高颈关节“一触即旋”改变劲力方向的灵活性，提高此部位的抗击打能力。还有改善颈部气血运行能力之功效。对于颈部疼痛、肌肉紧张、骨刺、落枕、脑供血供氧不足等病症，均有良好的功效。

提示

做旋颈的动作，上身相随而动，但不要大幅度地前俯后仰。

第二节　上肢部

一、左右肩旋转

动作

无极起势。两脚与肩同宽而立，身体重心在左腿，两手虚握拳于体两侧。左肩由前向上、向后、向下旋转一周，身体的重心随动作的变化而升降，自然呼吸。如此反复练习后，再向相反方向练习。（图 3–10、图 3–11）

右肩旋转与左肩旋转动作要领相同，唯左右相反。（图 3–12、图 3–13）

图 3–10

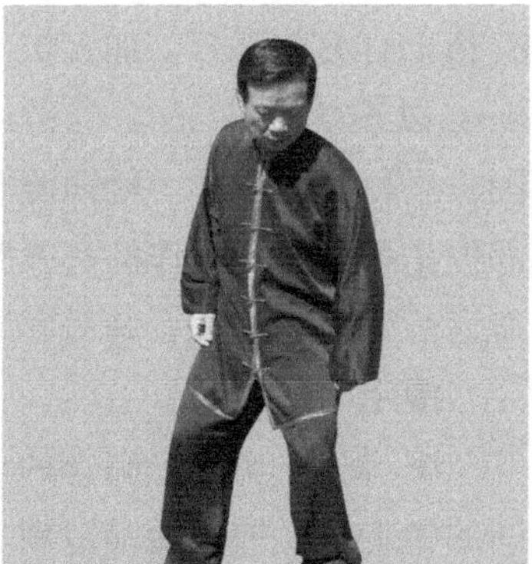

图 3–11

图 3–12

图 3–13

意守部位

肩井穴。位置在肩上，前直乳中，大椎与肩峰端连线的中点上。（图 3–14）

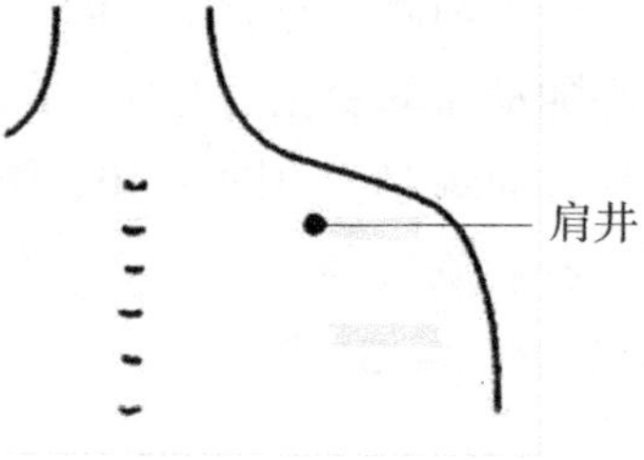

图 3–14

功效

经常练习肩部缠丝功，有利于肩关节松开，加大扩展“以肩为轴”的活动范围，提高肩关节“一触即旋”改变劲力方向的灵活性，提高此部位化劲与发劲动作的有效率和抗击打能力。还有改善肩部气血运行能力之功效。并对肩周炎、肩痛等病症有明显的功效。

提示

练习缠丝功能提高骨的承受力和韧带的强度，加强关节之间的稳定性，加大活动范围。还能增强分泌骨液，滑润滋养关节、软骨，缓解骨质疏松，预防提前老化。缓解肌肉紧张状态，增大肌肉的伸展性，增强肌肉的弹性。促进提高局部血管、淋巴管、经络的气血循环运行能力，有利于增强局部的营养吸收和调节新陈代谢功能。

二、双肩旋转

动作

无极起势。两脚与肩同宽而立，两手虚握拳于体两侧，随身体重心缓缓下降，两腿渐渐屈蹲，同时含胸、沉肩。（图3-15、图 3-16）

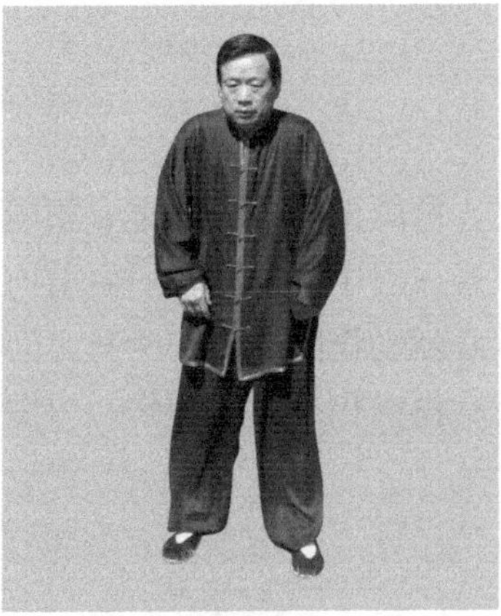

图 3-15

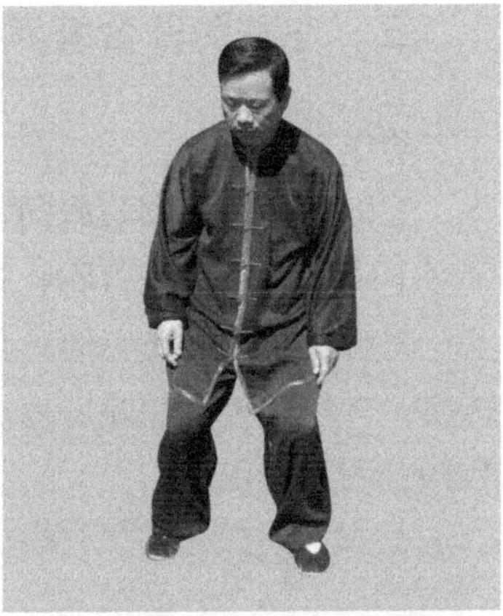

图 3-16

随身体重心徐徐上升，胸部渐渐突起，两肩圆活地由前向上、向后、向下旋转一圈，两臂屈肘相随而动。自然呼吸。如此反复练习后，再向相反方向练习。（图 3-17、图 3-18）

意守部位

肩井穴。

功效和提示

请参考左右肩旋转相应项。

图 3-17

图 3-18

三、左右肘开合缠丝

动作

无极起势。两脚与肩同宽而立，两腿微屈，身体重心相随缓缓下降；同时上身含胸收腹，左臂屈肘于胸前，左肘由前向上、向后、向下旋转一周，身体重心随动作的变化在两腿之间转换，自然呼吸。如此反复练习后，再向相反方向旋转。（图 3-19、图 3-20）

图 3-19

图 3-20

右肘开后缠丝与左肘开合缠丝动作要领相同，唯左右相反。（图 3-21、图 3-22）

图 3-21

图 3-22

意守部位

曲池穴。位置在肘横纹外侧端，屈肘，尺泽与肱骨外上髁连线中点。（图 3-23）

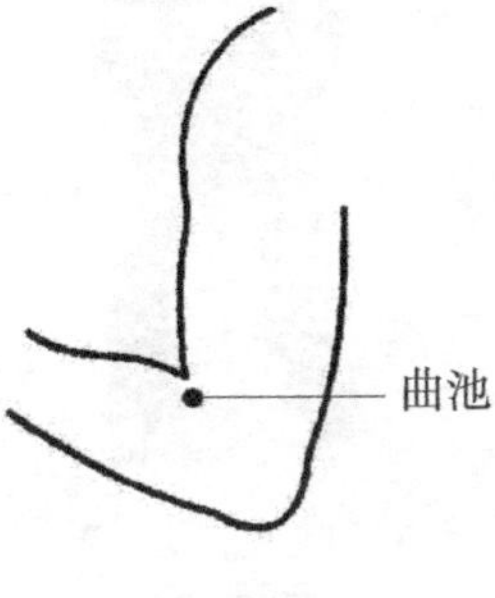

图 3-23

功效

经常练习肘部缠丝功，有利于肘关节松开，加大扩展“以肘为轴”的活动范围，提高肘关节“一触即旋”改变劲力方向的灵活性，提高此部位化劲与发劲动作的有效率和抗击打能力。还有改善肘部气血运行能力之功效，并对肘痛、关节炎、胳膊不能上举等病症有明显的功效。

提示

太极拳理论中有“肘不贴肋”的论述，练习肘部缠丝功时要注意肘与肋之间要保持一拳左右的距离。

四、双肘开合缠丝

动作

无极起势。两脚比肩略宽而立，两腿屈膝下蹲，身体重心相随缓缓下降；同时上身含胸收腹，两手握拳相合于腹下。然后，随两臂屈肘相开，由前向上、向后、向下旋转一周，身体重心相随升降，自然呼吸。如此反复练习后，再向相反方向旋转。（图 3–24—图 3–27）

图 3–24

图 3–25

图 3–26

图 3–27

意守部位

曲池穴。

功效和提示

请参考左右肘开合缠丝相应项。

五、左右手摇旋

动作

无极起势。两脚与肩同宽而立，右手叉腰，左手抬至与左肩平，以腕为轴由里向外旋转一周，自然呼吸。如此反复练习后，再向反方向旋转。（图 3–28–图 3–30）

图 3–28

图 3–29

图 3–30

右手摇旋与左手摇旋动作要领相同，唯左右相反。

意守部位

劳宫穴。位置在手掌中心处。(图 3–31)

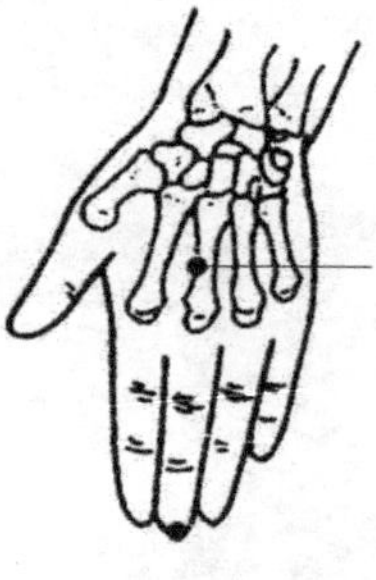

图 3–31

功效

经常练习手腕部缠丝功，有利于手腕关节松开，加大扩展“以手腕为轴”的活动范围，提高手腕关节“一触即旋”改变劲力方向的灵活性，提高此部位化劲与发劲动作的有效率和抗击打能力，并能增强手腕的擒拿与反擒拿技能。另外，还有改善手腕部气血运行能力之功效。

手部的劳宫穴是练习气功的重要穴位。手又是手三阳经和手三阴经起始连接处，练习缠丝功时的意守劳宫穴和螺旋缠绕的手部动作，能有效地促进气达手部梢节，使手部的六经之气顺畅地循经走脉。

六、双手摇旋

动作

无极起势。两脚与肩同宽而立，两臂缓缓向前抬起，两手以腕为轴，由里向外旋转一周。自然呼吸。如此反复练习。（图 3–32—图 3–34）

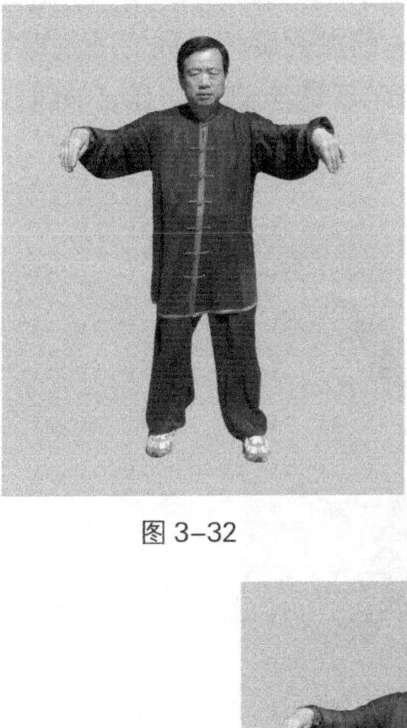

图 3–32

图 3–33

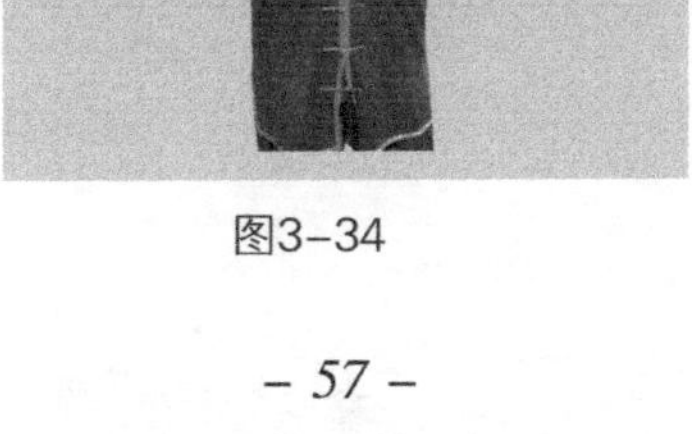

图3–34

意守部位

劳宫穴。

功效和提示

请参考左右手摇旋相应项。

七、双臂左右螺旋缠丝

动作

无极起势。左脚向左侧横迈一大步，身体重心向下降在右腿，吸气时，左手引领胳膊在身体前左侧旋转一周。呼气时，左手贴着左肋向下穿行，顺左腿而下达至脚面，手心向上。(图 3–35–图 3–37)

图 3–35

图 3–36

图 3–37

然后，身体重心由右腿过渡到左腿，吸气时，右手引领胳膊在身体前右侧旋转一周。呼气时，右手贴着右肋向下穿行，顺右腿而下达至脚面，手心向上。如此反复练习。（图3–38—图 3–40）

图 3–38

图 3–39

图 3–40

意守部位

劳宫穴。

功效

意到气到，气到动作到，内外合一，气贯三节。提高胳膊整体的防守与技击功能。

第三节　躯干部

一、旋胸

动作

无极起势。右脚向前迈一步，左腿弯曲，身体重心在左腿，左胸部由前向上、向后、向下旋转一圈。左手抬至左胸部，随旋胸的动作而转动。身体重心随动作在两腿之间转换。自然呼吸。（图 3-41—图 3-43）

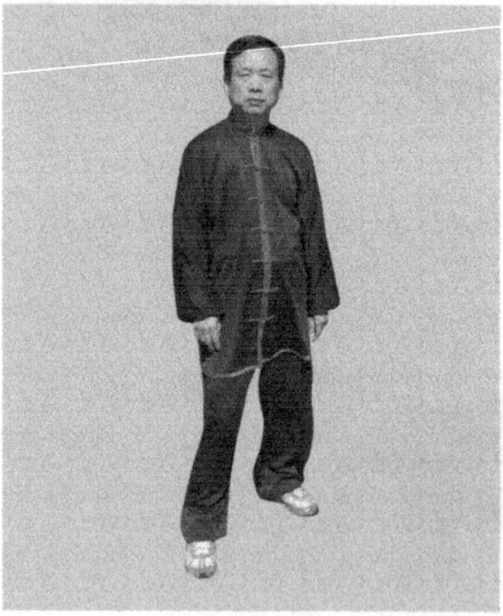

图 3-41

图 3-42

图 3-43

如此反复练习后，再换腿练习右旋胸动作。（图 3-44-图 3-46）

图 3-44

图 3-45

图 3-46

意守部位

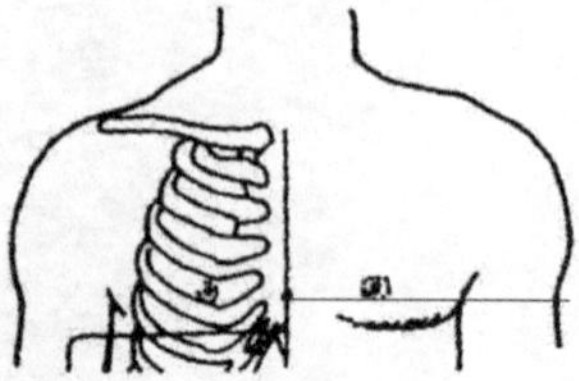

图 3–47

膻中穴。位置在胸部，前正中线上第四肋间隙。(图 3–47)

功效

经常练习胸部缠丝功，能提高胸部“一触即旋”改变劲力方向的灵活性，提高此部位化劲与发劲动作的有效率和擒拿及抗击打能力。还有改善胸部气血运行能力之功效。

膻中穴位置在胸正中，是练习气功的重要穴位，为阴经交会之所。练功时意守膻中穴，可促进五脏阴经之气交流顺畅，强健五脏功能。

提示

心肺合居胸中，心主血，肺主气，是全身气血运行的动力。胸部旋转式开合，可使胸腔开阔，增强肺脏的呼吸深度。同时，还可以减少对心脏的压力，有利于心脏功能的发挥。

二、转腹

动作

无极起势。两脚与肩同宽而立，左手心贴放在右手背上，双手放于肚脐处。然后，双眼轻闭，三性归一，内视中丹田。静守片刻后，以手领腹由上向右、向下、向左旋转一周，身体重心相随而动，在两腿之间转换。（图 3–48–图 3–50）

图 3-48

图 3-49

图 3-50

如此反复练习后，再向相反方向旋转。（图 3-51-图 3-53）

图 3–51

图 3–52

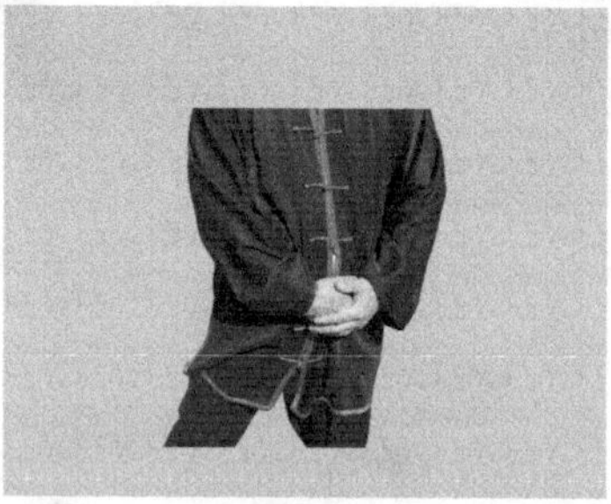

图 3–53

意守部位

中丹田。位置在肚脐深处。(图 3–54)

功效

经常练习腹部缠丝功，能提高腹部“一触即旋”改变劲力方向的灵活性，提高此部位化劲与发劲动作的有效率和擒拿及抗击打能力。还有改善腹部气血运行能力之功效。

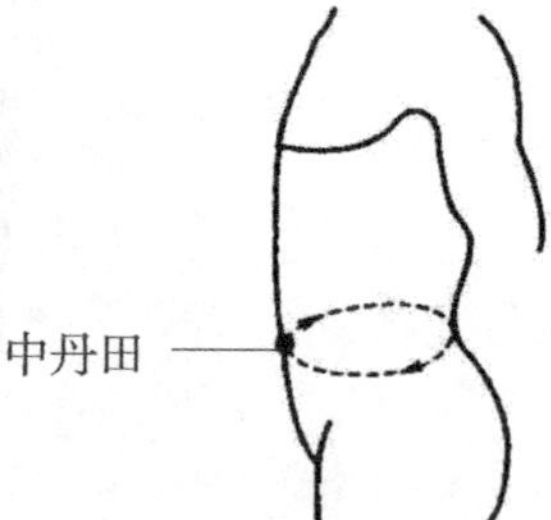

图 3–54

中丹田是练习气功的重要穴位，三性归一，意守中丹田与转腹的动作相配合练习，达到一定“火候”时，便会体感到以外动带内动时，中丹田内气似流水一样相随而动。随日积月累内功达到一定水平后，便会体悟到腹内有积气成丹的感觉，丹田似球状物随转腹的动作而旋转，达到内外合一、表里一致的修炼境界。

提示

转腹式的按摩动作，能起到促进胃肠蠕动，增强消化吸收功能和调节新陈代谢等良好作用。

三、转脊

动作

无极起势。两脚比肩略宽而立，身躯以脊为轴，尽量向左后、右后旋转。两手臂随身躯转动时向身后旋动，身体重心相随而动在两腿之间转换。（图 3–55–图 3–57）

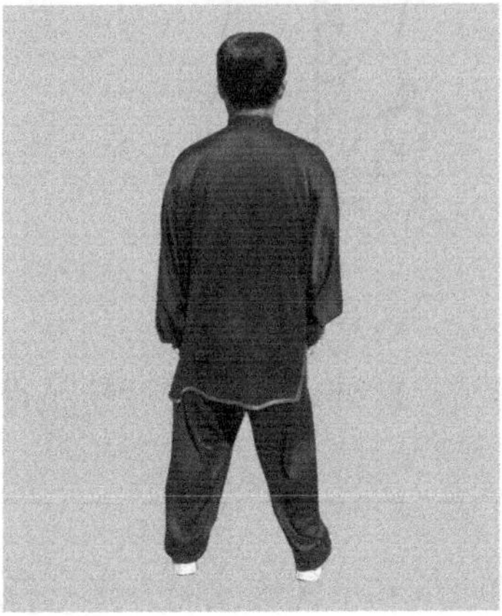

图 3–55

图 3–56

图 3–57

意守部位

身柱穴。位置在背部后正中线上，第三胸椎棘突下凹陷中。(图 3–58)

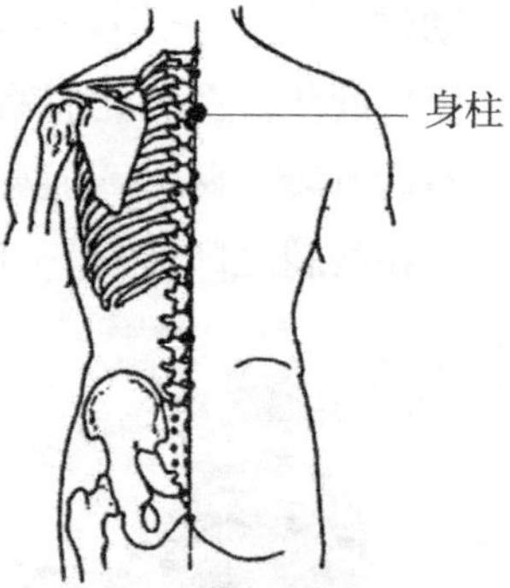

图 3–58

功效

经常练习脊部缠丝功，有利于脊关节松开，加大扩展“以脊为轴”的活动范围，提高脊关节“一触即旋”改变劲力方向的灵活性，提高此部位化劲与发劲动作的有效率和抗击打能力。此外，还有改善脊部的气血运行能力的功效。

提示

练习旋脊动作时，由于肌肉的收缩和呈螺旋式的升降，行功日久便会有一种“节节贯穿，气贴于背，力由脊发”的感觉。练习太极拳和推手时，就是通过腰部旋转变化产生离心力而推动内气贯注于四肢梢节的。这种感觉要在“三性归一”松静的状态下才能出现，由于练功时的意守，进一步使精神意念集中，就会逐步产生“气敛入骨入髓”的感觉，这是一种调整神经系统和增强体质的锻炼方法。

四、转腰

动作

无极起势。两脚比肩略宽而立，两腿屈膝，身体重心向下降，两臂屈肘抬至身体两侧前方，相距 80 厘米左右，双手握拳，拳心相对。然后，以拳领腰，以腰带拳，向左右旋转，两眼随双拳运动的方向而视。自然呼吸。如此反复练习。（图 3-59-图 3-61）

图 3-59

图 3-60

图 3–61

意守部位

命门穴。位于两肾中间，前与肚脐相对。（图 3–62）

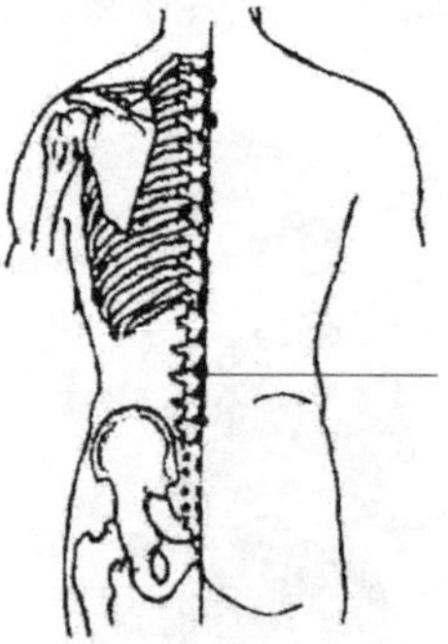

图 3–62

功效

经常练习腰部缠丝功，有利于腰关节松开，加大扩展“以腰为轴”的活动范围，提高腰关节“一触即旋”改变劲力方向的灵活性，提高此部位化劲与发劲动作的有效率和抗击打能力。此外，还有改善腰部气血运行能力之功效。

提示

练习腰部缠丝功对肾气亏损、腰痛、腰肌劳损、腰椎间盘突出等病症均有良好的功效。

五、转臀

动作

无极起势。双脚与肩同宽而立，双腿微屈，双手自然垂于体侧或叉腰，臀部由左向上、向右、向下旋转一周。身体重心相随而动，在两腿之间转换。自然呼吸。如此反复练习后，再换方向练习。（图 3–63—图 3–65）

图 3–63

图 3–64

图 3–65

意守部位

长强穴。位于尾骨端下，尾骨端与肛门连线的中点处。(图 3–66)

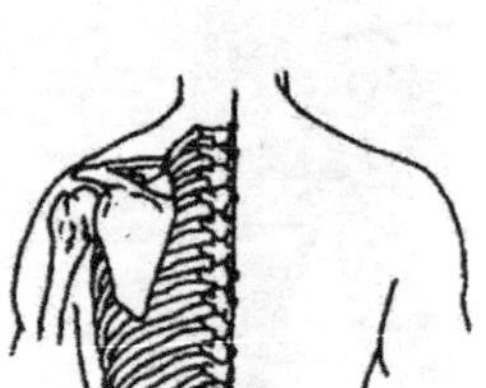

图 3–66

功效

经常练习臀部缠丝功，能提高此部位化劲与发劲动作的有效率和抗击打能力。还有改善臀部气血运行能力之功效。

提示

臀部的生理构造是微向外突的。但在练习太极拳和推手时如果过于外突，必有弯腰低头之病，故太极拳理论提出“敛臀”的要求。转臀的动作有利于“敛臀”和“气沉丹田”。

第四节 下肢部

一、左右胯缠丝

动作

无极起势。两脚略宽于肩而立，两腿弯曲，身体重心在左腿。双手叠放在左胯上，左胯由前向左、向后、向右旋转一周。身体重心随动作的变化在两腿之间转换，自然呼吸。如此反复练习后，再向相反方向旋转。（图 3–67–图 3–69）

图 3–67

图 3–68

图 3-69

右胯缠丝与左胯缠丝动作要领相同，唯方向相反。（图 3-70-图 3-72）

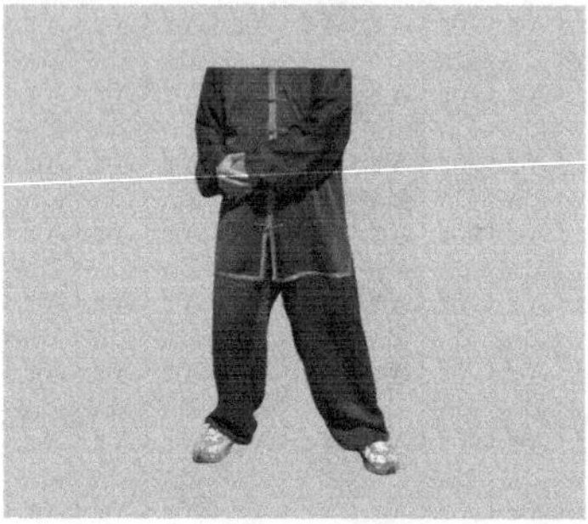

图 3-70

图 3-71

图 3–72

意守部位

环跳穴。位置在股外侧部，股骨大转子最凸点与骶管裂孔连线外 1/3 与中 1/3 交点处。（图 3–73）

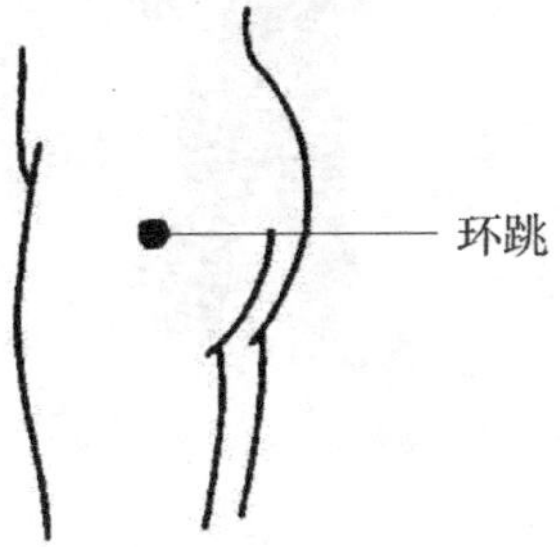

图 3–73

功效

经常练习胯部缠丝功，有利于胯关节松开，加大扩展“以胯为轴”的活动范围，提高胯关节“一触即旋”改变劲力方向的灵活性，提高此部位化劲与发劲动作的有效率和抗击打能力。还有改善胯部气血运行能力之功效。

提示

胯关节是调整腰腿的关键，胯是腰腿的转关之处，关节不松开就不灵活，腰腿就很难相顺相随。以腰为轴心转动时，骨盘也连带着转动，因此，转腰实际上是转腰胯。

二、双胯摇旋

动作

无极起势。两脚与肩同宽而立，双腿微屈，双手叉腰，胯部由左向后、向右、向前平行旋转一周。身体重心相随而动，在两腿之间转换。自然呼吸。如此反复练习后，再换方向练习。（图 3–74—图 3–76）

图 3–74

图 3–75

图 3–76

意守部位

环跳穴。

功效和提示

请参考左右胯缠丝相应项。

三、左右膝缠丝

动作

无极起势。左脚横迈一步，左腿屈膝前弓，身体重心在左腿。两手叠放在左膝上，左膝以顺时针方向旋转，自然呼吸。如此反复练习后，再向相反方向旋转。（图 3–77–图 3–79）

图 3–77

图3–78

图3–79

右膝缠丝与左膝缠丝动作要领相同，唯方向相反。（图3-80-图3-82）

图 3-80

图 3-81

图 3-82

意守部位

犊鼻。位于髌骨与髌韧带外侧凹陷中。（图3-83）

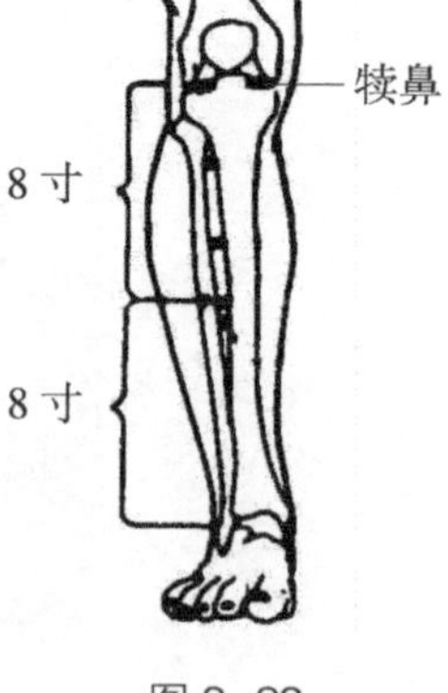

图 3-83

功效

经常练习膝部缠丝功，有利于膝关节松开，加大扩展“以膝为轴”的活动范围，提高膝关节“一触即旋”改变劲力方向的灵活性，提高此部位化劲与发劲动作的有效率和抗击打能力，改善促进膝部的气血运行功能。对膝痛、关节炎、行走不便等病症均有良好的功效。

提示

练习太极拳和推手，腿部支撑着全身的重量，而膝关节负担最大，因此，膝关节必须有力而灵活。为保持身法中正，膝关节不宜超出脚尖（特殊动作除外），以免失去平衡，影响动作的顺利进行。

四、双膝缠丝

动作

无极起势。两脚并拢，两腿屈膝半蹲，两手按放在两膝盖上。然后，两膝沿顺时针方向旋转。自然呼吸。如此反复练习后，再向相反方向旋转。（图 3–84—图 3–89）

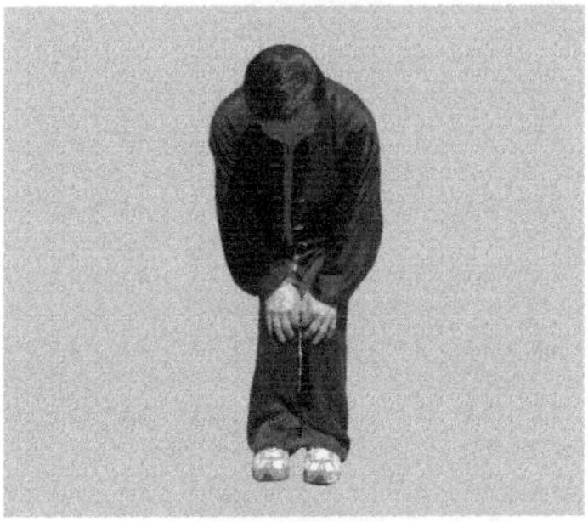

图 3–84

图 3–85

图 3–86

图 3–87

图 3–88

图 3–89

意守部位

犊鼻穴。

功效和提示

请参考左右膝缠丝相应项。

五、左右足摇旋

动作

无极起势。两脚与肩同宽而立，双手自然垂立或叉腰，身体重心过渡到右腿，以左足跟为轴，足尖向里扣，然后，左足

尖向外撇。自然呼吸。如此反复练习后，再换右足摇旋。（图3-90—图3-95）

图 3-90

图 3-91

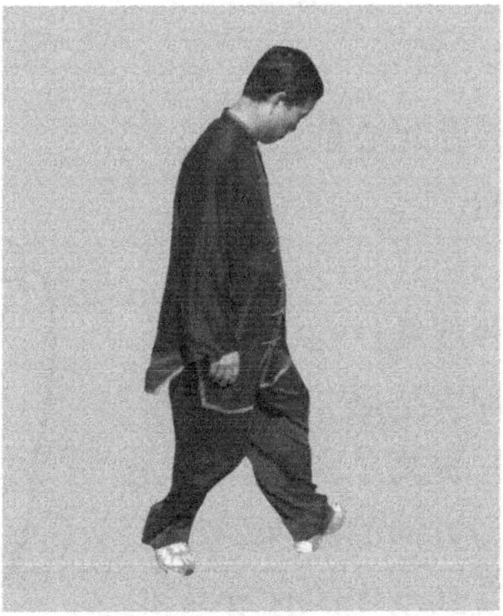

图 3-92

图 3–93

图 3–94

图 3–95

意守部位

涌泉穴。位置在足心前三分之一凹陷处。（图 3–96）

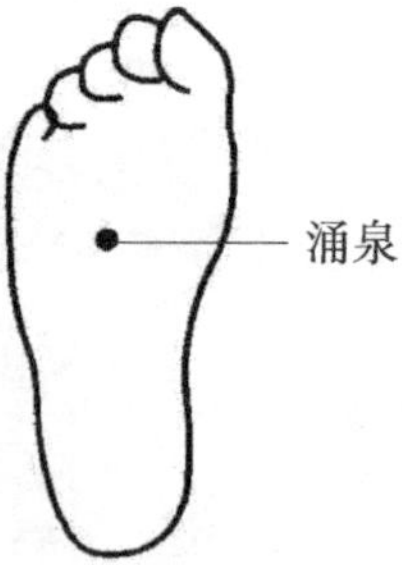

图 3–96

功效

经常练习足踝部缠丝功，有利于足踝关节松开，加大扩展“以足踝为轴”的活动范围，提高足踝关节“一触即旋”改变劲力方向的灵活性，提高此部位化劲与发劲动作的有效率和抗击打能力。此外，还有改善足踝部气血运行能力之功效。

涌泉穴是练习气功的重要穴位。足又是足三阳经和足三阴经的起始点连接线。练功时意守足心的涌泉穴，能起到促进气达足部梢节，使足部六经之气顺畅地循经走脉之功效。

提示

足为步型、步法和支撑全身的根基。动作的灵活和迟滞完全取决于步法是否正确。太极拳和推手是以调整步法来支持和调节全身处于稳定平衡状态的。所以，练习好足部缠丝功至为重要。

六、左右缠丝蹬腿

动作

无极起势。两手叉腰，身体重心过渡到右腿，左脚呈螺旋缠绕屈膝上提收于右膝旁，眼观左前方。此时为吸。随即胯关节外展，左腿向左前方蹬出。此时为呼。然后，做右缠丝蹬腿，要领相同。（图 3–97–图 3–102）

图 3–97

图 3–98

图 3-99

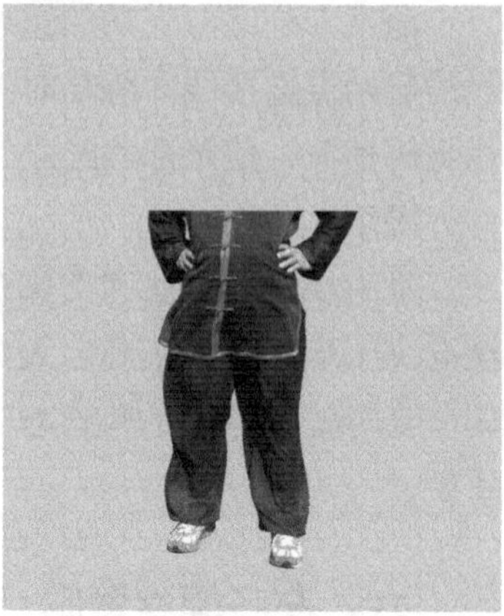

图 3-100

图 3-101

图 3-102

意守部位

涌泉穴。

功效

意到气到，气到力到，气贯三节。对腿脚寒冷、关节炎、行走不便等症状，均有良好的功效。并能加大扩展腿的活动范围，提高腿法技击和防守的有效率。

提示

腿的旋转弧形动作，在技击作用上能起到拦截套腿、勾脚、蹬膝关节、踩臁骨等作用。

第五节　各方位全身综合缠丝

一、前进螺旋缠丝

动作

无极起势。右脚向前上一步，身体重心在左腿，两掌从两肋处螺旋向前穿行，至胳膊自然伸直，双掌相合。全身相随而动，身体重心从左腿过渡到右腿，此时为呼。然后，两掌螺旋相开，划弧返回两肋处，全身相随而动，身体重心从右腿过渡到左腿，此时为吸。如此反复练习后，再换腿练习。（图 3–103—图 3–110）

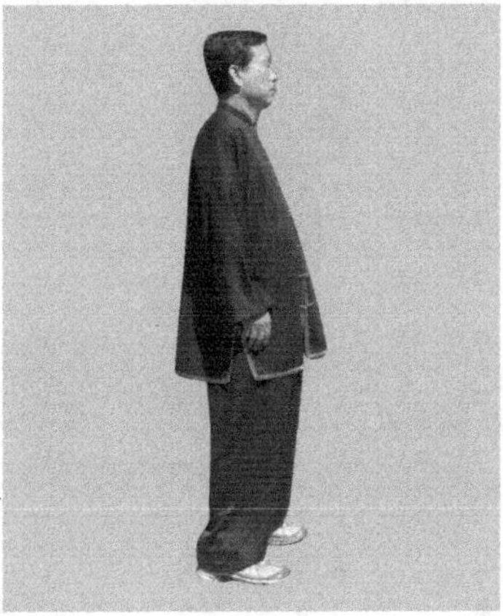

图 3–103

图 3–104

图3-105

图3-106

图3-107

图3-108

图3-109

图3-110

意守部位

中丹田。

功效

丹田内气前后鼓荡。

提示

做此动作时注意膝盖不要超过脚尖，以免身体重心前倾。

二、后退螺旋缠丝

动作

无极起势。右脚向后退一步，身体重心在左腿，两掌从两肋处螺旋向后穿行，至胳膊自然伸直，两掌相合。全身相随而动，身体重心从左腿过渡到右腿，此时为呼。然后，两掌螺旋相开，划弧返回两肋处，全身相随而动，身体重心从右腿过渡到左腿，此时为吸。如此反复练习后，再换腿练习。（图3-

111—图 3-118）

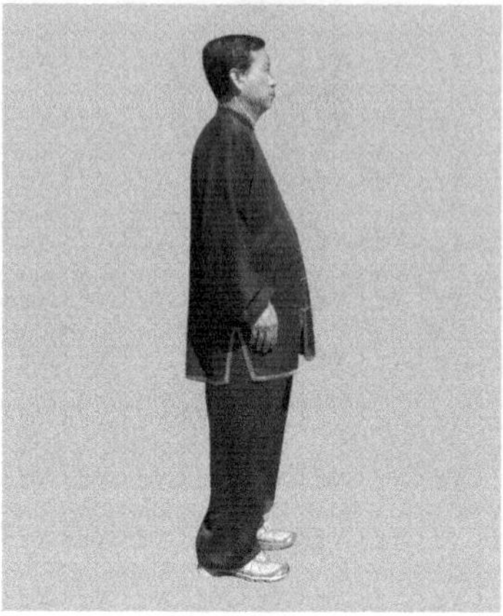

图 3-111

图 3-112

图 3-113

图 3-114

图 3-115

图 3-116

图 3-117

图 3-118

意守部位

中丹田。

功效

丹田内气前后鼓荡。

提示

做此动作时注意膝盖不要超过脚尖，以免身体重心前倾。

三、左旋缠丝

动作

无极起势。右脚向右横迈一步，身体重心在左腿，左手叉腰，右手上抬至胸前，从右腋下螺旋穿出，至胳膊自然直。全身相随而动，身体重心从左腿过渡到右腿。此时为呼。然后，右手臂螺旋划弧返回胸前，全身相随而动，身体重心从右腿过渡到左腿，此时为吸。如此反复练习。（图 3–119—图 3–122）

图 3–119

图 3–120

图 3–121

图 3–122

意守部位

中丹田。

功效

气贯三节肩肘手。

提示

练习各部位全身综合缠丝时，要做到六合，即手与脚合，肘与膝合，肩与胯合，为外三合；心与意合，意与气合，气与劲合，为内三合。

四、右旋缠丝

动作

无极起势。左脚向左横迈一步，身体重心在右腿，右手叉腰，左手上抬至胸前，从左腋下螺旋穿出，至胳膊自然直。全身相随而动，身体重心从右腿过渡到左腿。此时为呼。然后，左手臂螺旋划弧返回胸前，全身相随而动，身体重心从左腿过渡到右腿，此时为吸。如此反复练习。（图 3-123—图 3-126）

图 3-123

图 3-124

图 3-125

图 3-126

意守部位

中丹田。

功效

气贯三节肩肘手。

提示

练习缠丝功的动作时，要周身一家，一动俱动，圆转自如，不可产生缺陷、凹凸和断续三个缺点。

五、上穿螺旋缠丝

动作

无极起势。两脚与肩同宽而立，屈膝下蹲，两掌背相合于腹前，经腹、胸、头螺旋上穿，至胳膊自然直。全身相随而动，身体重心随之向上升，此时为吸。然后，两掌相开划弧返回腹前。全身相随而动，身体重心随之下降，此时为呼。如此反复练习。（图 3–127—图 3–131）

图 3–127

图 3–128

图 3-129

图 3-130

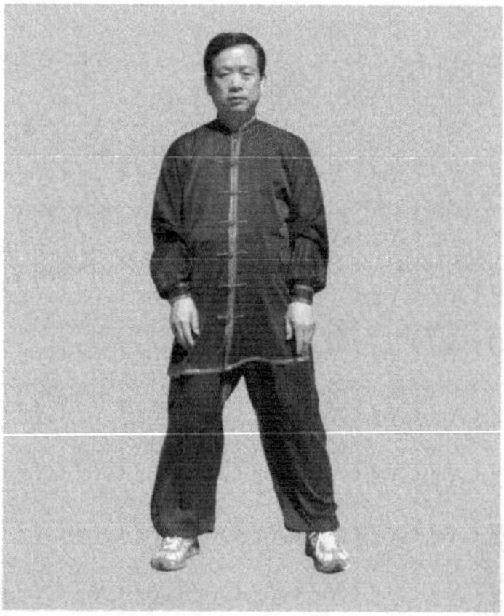

图 3-131

意守部位

中丹田。

功效

丹田内气上下鼓荡。

提示

太极拳中的螺旋式运动，是中国式的独特的运动方式。在健身方面，它能推动全身节节贯穿，并由此达到内外合一的一动无有不动的境界，五脏六腑得以按摩，经络得以畅通，气血得以循环，新陈代谢得以旺盛。

在技击方面，螺旋式的运动能起到“彼不动我不动，彼意动我先行”“一触即旋，不丢不顶”“舍己从人，借劲使劲”“引进落空合即出”的技击功效。

六、下钻螺旋缠丝

动作

无极起势。两脚与肩同宽而立，两手划弧从身体两侧由下向上，至两掌背相合于头上方，全身相随而动，身体重心随之向上升，此时为吸。然后，两掌经头、胸、腹螺旋下钻，至胳膊自然直。全身相随而动，身体重心随之向下降，此时为呼。如此反复练习。（图 3-132—图 3-135）

图 3-132

图 3-133

图 3-134

图 3-135

意守部位

中丹田。

功效

丹田内气上下鼓荡。

提示

经常练习缠丝功能逐渐产生一种绵软而又沉重，外似棉花，内如钢条的一种内功。功夫越深，内劲的质量越高。

七、平行螺旋缠丝

动作

无极起势。两臂从身体两侧划平弧，抬至与胸同高，两手从腋下向左右方向螺旋穿伸，至胳膊自然直。全身相随而动，身体重心随之向上升，两脚跟抬起，此时为吸。然后，两手臂放松下落返回身体两侧。全身相随而动，身体重心随

之向下降，两脚跟落地，此时为呼。如此反复练习。（图 3-136—图 3-140）

图 3-136

图 3-137

图 3-138

图 3-139

图 3–140

意守部位

中丹田。

功效

双手相开时气达手梢节，双手放松回落时，气返回中丹田。

提示

太极拳必须运劲如缠丝，或如抽丝，这两种形象比喻的是运劲走螺旋。同时，这种螺旋又必须走弧线，犹如子弹通过枪膛中的来福线后，既有螺旋形的自身旋转，又有抛物线形的运动路线。太极拳的缠丝劲就是具有这种形象。

八、立形螺旋缠丝

动作

无极起势。两脚比肩略宽而立，身体重心在右腿，右手向右上方抬起，比右肩略高，左手稍向左开。右手划弧螺旋而下，同时左手划弧螺旋向上，双臂划立圆相合于胸前。全身相随而动，身体重心由右腿过渡到左腿。此时为呼。然后，右手划弧向上，左手划弧向下，双手臂相开，恢复至初始动作。全身相随而动，身体重心由左腿过渡到右腿。此时为吸。如此反复练习后，再换手换腿练习。（图 3–141—图 3–148）

图 3–141

图 3–142

图 3–143

图 3–144

图 3-145

图 3-146

图 3-147

图 3-148

意守部位

中丹田。

功效

开时气充全身，合时气归丹田。

提示

初练缠丝功的动作时，转圈的幅度要大，练习日久后转圈逐渐收小，这是“先求开展，后求紧凑”的锻炼步骤。圆形动作是达到和谐与连贯的必要前提，练到纯熟后，逐渐达到“得心应手”，与“心身相应”的程度，就能够一动无有（内外、上下、左右）不动，一圈无有不圈，外形有手圈、肘圈、肩圈、胸圈、腹圈、胯圈、膝圈、足圈；体内有五脏六腑蠕动按摩，畅通经络、内气循环，丹田旋转。

九、斜形螺旋缠丝

动作

无极起势。右腿向右前上一步，身体重心在左腿，右臂从体前抬起与右肩同高，双臂交叉呈斜形旋转一周。全身相随而动，身体重心随动作的变化在两腿之间转换。自然呼吸。如此反复练习后，再换手换腿练习。（图 3-149—图 3-156）

图 3-149

图 3-150

图 3-151

图 3-152

图 3-153

图 3-154

图 3-155

图 3-156

意守部位

劳宫穴。

功效

气达手掌。

提示

缠丝功中的弧形动作，是在意识指导下的内劲做旋绕运转时的外形，缠绕绞转，极为缠绵曲折，在大螺旋式和无数小螺旋式的发展路线上进退屈伸，形成为圆形动作，是太极拳练法特点的精华所在。

内劲运转的主要特点是：源动腰脊，旋腰转脊，节节贯串地劲贯四梢（手足尖端）。上行为旋腕转膀，形于手指；下行为旋踝转腿，达于趾端。螺旋形地缠绕绞转，形成一系列无限延长的复杂的空间螺旋运动。

一〇、双环螺旋缠丝

动作

无极起势。右脚上一步，身体重心在左腿，右臂从体前抬起，与右肩同高，左手屈肘抬起在右手之后，两臂以肩为轴，同时旋转一周。全身相随而动，身体重心随动作的变化在两腿之间转换。自然呼吸。如此反复练习后，再换手换腿练习。（图 3–157—图 3–164）

意守部位

劳宫穴。

功效

气达手掌。

提示

练习缠丝功动作能使全身

图 3–157

图 3-158

图 3-159

图 3-160

图 3-161

图 3–162

图 3–163

图 3–164

内外“一动无有不动”，于同一时间内，综合性地完成神经、呼吸、血液、经络、骨骼、肌肉、消化、内分泌等系统的锻炼。可以说是用最宝贵的时间达到最有效果的体育运动方法。从运动医学角度来看，这种练法是防病治病的重要因素。

一一、螺旋冲拳

动作

无极起势。右脚向前迈一步，身体重心在左腿，双手变拳收于腰间，随即左拳由胯部呈螺旋式向前击出，至胳膊自然直。然后，右拳呈螺旋式向前击出，同时左拳呈螺旋式收回至左胯处。全身相随而动，身体重心随动作的变化，在两腿之间转换。如此反复练习后，再换腿练习。（图 3–165—图 3–170）

图 3–166

图 3–167

图 3-168

图 3-169

图 3-170

意守部位

劳宫穴。

功效

意到气到，气到力自然到，形与气走螺旋，劲发一点，点点透骨。

提示

待功夫修炼到“外丹功”阶段时，每当拳击出时，便会感到有一个“气球”状的物体随拳击而出，随收拳放松时而回归于丹田。

一二、胸腹折叠缠丝

动作

无极起势。左脚向前迈一步，身体重心在右腿，两手握拳，两臂向外旋翻转于身体两侧，同时开胸展腹。此时为吸。然后，两臂向内旋翻转至背后，同时胸腹相合内含，此时为呼。全身相随而动，身体重心随动作的变化在两腿之间转换。(图 3–171—图 3–174)

图 3–171

图 3–172

图 3–173

图 3–174

意守部位

膻中穴。

功效

胸腹折叠。

提示

初练此动作时要慢一些，待动作熟练后可适当加快速度和练习抖发劲。

一三、身法大螺旋

动作

无极起势。双脚比肩略宽而立，双手握拳，以拳带身向左、向后、向右旋转一周。自然呼吸。全身相随而动，身体重心随动作的变化在两腿之间转换。如此反复练习后，再换方向练习。（图 3–175—图 3–182）

图 3–175

图 3–176

图 3–177

图 3–178

图 3-179

图 3-180

图 3-181

图 3-182

意守部位

命门穴。

功效

加大扩展身法变化。

提示

做此动作时要以腰为轴，动作幅度要由小到大。

一四、丹田旋转

动作

无极起势。右脚向右横迈一步，身体重心在右腿，右手抬至与肩同高，左手放在腹部中丹田处。然后，右手臂划大圈，左手在腹部中丹田处划小圈。自然呼吸。全身相随而动，身体重心随动作的变化在两腿之间转换。如此反复练习后，再换手换腿练习。（图 3–183—图 3–190）

图 3–183

图 3–184

图 3–185

图 3–186

图 3–187

图 3–188

图 3-189

图 3-190

意守部位

中丹田。

功效

以外动导引丹田内气旋转。

提示

练习缠丝功动作时，转圈不论大圈、小圈、没圈（有圈的意思，但在外形上不容易看出来的称为没圈），都应该有内劲做主导。这种内劲是通过长期锻炼，用意识贯注而逐渐形成“似松非松”“不刚不柔”“亦刚亦柔”“刚柔相济”的极为沉重而又极为轻灵的一种内劲。工夫下得越深，内劲的质量也就越高。

第六节　缠丝功对练

一、一攻一化缠丝

动作

甲乙（着白衣者为甲，着黑衣者为乙）双方同迈右脚，各上一步，两脚间距在 15 厘米左右。双方同时伸右臂以手腕搭接，与肩同高，眼视对方。（图 3–191）

图 3–191

乙方进攻推甲方时，甲右手臂向后螺旋进攻乙方，直至其劲力落空。乙方右手臂向后撤时，甲右手臂向前螺旋进攻乙方。甲乙双方全身相随而动，身体重心随动作的变化在两腿之

间转换。（图 3–192—图 3–195）

图 3–192

图 3–193

图 3-194

图 3-195

如此反复练习后，甲乙双方再换手换腿练习。

功效

螺旋进攻，螺旋引化。

提示

个人练习缠丝功中的动作，是个人认识、体会、运用、掌握缠丝功中的动作和劲别技术阶段，因此，太极理论称是“知己”阶段的练习方法。

双人对练是通过对抗性的实践运用，来检验缠丝功中的动作和劲别技术掌握的正确程度。是对缠丝功各种动作和劲别技术再认识、再提高的过程。通过两人对练的形式来检验自己的缠丝功，达到什么水平、什么阶段了。所以，太极理论称是“知己知彼”阶段的练习方法。

二、顺逆缠丝

动作

甲乙双方同迈右脚，各上一步，两脚间距在 15 厘米左右。乙方双手抓住甲方双臂，眼视对方。（图 3–196）

图 3–196

乙方进攻推甲方时，甲方左手臂螺旋后撤，引化开乙方右手臂，直至其劲力落空。乙方右手臂向后撤时，甲方左手臂螺旋进攻，直至将乙方击出。甲乙双方全身相随而动，身体重心随动作的变化在两腿之间转换。（图 3–197—图 3–200）

图 3–197

图 3–198

图 3–199

图 3–200

如此反复练习后，甲乙双方再换手换腿练习。

功效

顺逆缠丝，引进落空合即出。

提示

凡是逆缠式攻击的动作，为动分，为离心力，丹田气运至四梢，肩催肘，肘催手，胯催膝，膝催足，呼气，发劲。

凡是顺缠式防御化解的动作，为静和，为向心力，四梢气复归丹田，肩带肘，肘带手，胯带膝，膝带足，吸气，蓄势。

三、擒拿缠丝

动作

乙方左脚上步，出左拳朝甲方胸部击打。（图 3–201）

图 3–201

甲方左手抓拿住乙方左手，同时上右步，用右手抓拿住乙方左肘，然后，双手旋拧擒拿乙方。（图 3–202—图 3–204）

如此反复练习后，甲乙双方再换手换腿练习。

图 3-202

图 3-203

图 3–204

功效

旋拧擒拿，抓筋错骨。

提示

太极缠丝功中的缠丝运动虽然有多种多样的变化，但是，归纳起来为一顺一逆缠丝、双顺缠丝和双逆缠丝三种组合形式。

四、反擒拿缠丝

动作

甲方右脚上步，出右拳朝乙方胸部击打。乙方右手抓拿住甲方右手，用左手抓拿住甲方右肘。（图 3–205—图 3–207）

图 3-205

图 3-206

图 3–207

甲方以右肘为轴，旋转化解乙方擒拿后，用左手抓拿旋扭乙手，然后右肘向下压乙手臂，直至将乙方擒拿住。（图 3–208—图 3–210）

图 3–208

图 3–209

图 3–210

如此反复练习后，甲乙双方再换手换腿练习。

功效

缠丝化解擒拿，然后反擒拿。

提示

螺旋劲的作用能使对方直来的劲力，成为我方动作弧线上的切线。如果对方继续加力，其劲力会离开着力点而前进，影响其自身的平衡和稳定，而不影响我方的平衡和稳定；亦即在我为引进（弧形走化），在对方为落空（直线前进）。同时，我的螺旋形动作已避实就虚地越过对方防线而进逼，也即在我为“曲中求直，蓄而后发”。我方处在螺旋状态，在变动，才能做到“不丢不顶，引进落空合即出”。

五、组合缠丝

动作

甲方出右腿，乙方出左腿，互相搭贴在一起。乙方右手抓住甲方右手在上，甲方左手抓住乙方右手在下，互相搭贴在一起，眼视对方。然后，甲乙双方肩、肘、手、胯、膝、足、腰脊同时运转一周。甲乙双方全身相随而动，身体重心随动作的变化在两腿之间转换。（图 3–211—图 3–214）

图 3–211

图 3–212

图 3–213

图 3–214

如此反复练习后，甲乙双方再换手换腿练习。

功效

九曲如珠，一触即旋。

提示

缠丝功中的圆形运动，不是直线的弧形动作组成的，而是螺旋式的曲线弧形动作组成的。它是“曲中求直”，处处是曲线，处处随时能转化为直线，为曲直两者的统一。

在划圆圈时，内劲的运转，旋转，像螺旋式的缠绕进退，则好比地球在公转时不断的自转。因此它是分阴分阳而又阴阳互根的。如果圆形运动没有螺旋式贯串其中，就等于月球环绕地球运行，只有公转而无自转，这种圆形运动仍然是走的直线。

直线的弧形动作在推手实践中，易犯顶劲之病，容易造成“引进落实”，不可能像螺旋劲那样起到边化边打、边打边化的作用。

六、走化缠丝

动作

甲乙双方面对而立，双方出右手搭贴在一起，眼视对方。然后，甲乙双方右手臂由上向下，再由下向上旋转一周；同时甲乙双方脚步走转一周。（图 3-215—图 3-218）

图 3-215

图 3-216

图 3-217

图 3–218

如此反复练习后，再换手换腿练习。

功效

手旋，步旋，身旋。

提示

练习缠丝功要由大圈练至小圈，由小圈练至没圈；由开展到逐渐紧凑，由有形而归于无迹。由极小的圈练到外形上看不出有圈，是只有圈的意思而没有圈的形式，这种境界只有下苦功极深的人才能做到。在练习太极拳和推手的长期实践中都能体会出，功夫越深者，身体各部位的转圈 (位置移动) 便越小越细微，越正确协调，达到所谓“全身上下都是圈”，“全身处处一触即旋，一动一太极”。

第四章　名人轶事

第一节　陈式太极拳第十七代宗师陈发科轶事

在《道德经》中，“德”字通常被阐述为力量或品德。艺术之精奥，往往产生超乎技巧之品德，浸淫越久，品德越为深广，即所谓美德。伟大的武术家亦复如是，常显现出高贵的情操及对人类深刻的关怀，这是一种技巧、力量、德行的融和，亦是真正精奥的表征。所谓“阴阳的协调与平衡”，这种能力可产生极大的杀伤性，但这种修养品德及公正不阿之操守，又不会伤害到任何人。陈发科先生就是这样的人了。

与许禹生交手比试

陈发科，生于1887年，逝于1957年，享年71岁，为陈式太极拳第十七代宗师，不仅以武艺闻名，其德行修养更为众所推崇。先生于1928年10月赴北京授拳，陈式太极拳之风貌始为外间所悉，也同时面临着许多困扰。如精娴杨式太极拳、八卦掌、形意拳及多种武术的名宿许禹生，即伺机一试先生身手。

许氏从学于杨少侯、杨澄甫，1924年陈微明于上海出版的《太极拳术》一书中即有许氏与杨澄甫推手示范照片四幅。许禹生与另两位武术家再三要求与陈发科先生比武，均经辞谢，但彼等执意欲试，陈发科无奈，终勉为接受。在宽广的场子外，挤满几圈看热闹的人。两人踏入场子内后，许氏猝然猛烈攻向陈发科先生，但突为一股劲力弹回，威力之大，将许氏弹出人墙之外，波及者无不随之翻倒。最妙的是大家没看到如何出手，许氏因此对陈发科先生之深湛内劲极为折服，旋拜先生为师。

与李剑华过手验证

许禹生后来曾主持国术比赛，邀请陈发科先生为特别顾问。此时许氏等对陈发科先生的功夫更为敬服，时往聆听教益。当讨论一个回合的比赛时间多长较为适当时，有人建议一回合最长15分钟。陈发科先生认为太长了，如果场次过多，将太耗时间，技艺纯熟的武术家二三下就能决出胜负，最长3分钟应足够了。

身高6尺余、体重约100公斤的东北大学武术兼八卦掌教练李剑华也担任大会顾问，反对发科先生的看法，先生笑谓："如果不介意，可以证实一下。"李剑华接受了，随即快速挪动身形。

当这位巨汉伸掌劈向发科先生胸口，在接触的刹那间，发科先生以躯体神妙地反击对手，只见身形微动，李氏已被反弹到墙壁。当他摔落到地上，墙上的油漆也因撞击之力而纷纷散落。全场默然。一会儿李氏开口大笑。众人随之笑了。

当李氏站了起来，大声向发科先生说："现在我相信你了，现在我相信你了，3分钟足够了……"他看了看自己，遂道：

“我相信你已伤了我！”发科先生平静地问：“你哪里受伤了呢？”李氏发觉自己一点儿都没受伤。

李剑华先生告诉大家，当他攻向发科先生时，一股庞大的内力从发科先生体内发出，将他弹到墙壁上。当他再检查自己的衣服时，竟然有些油漆粉末深深嵌入织维之内，连刷都刷不下。陈发科先生对内劲能控制到这种自如境界，而使李氏毫发无伤，在场众人无不赞佩发科先生的太极拳功夫，从此经常向陈发科先生请教功夫，李氏也因此成为陈发科先生的弟子。

太极战摔跤

沈友三，在家行三，人皆称他沈三，为顶尖级摔跤家。个子中等，精力充沛，以技术精确、动作利落迅速著称，唯为人爱摆架子。他在北京天桥地区表演摔跤术兼卖草药。

有一次，沈友三遇到陈发科先生，彼此互道仰慕。沈友三表示，习摔跤者实不了解太极拳是什么，有什么功能。一般所看到的太极拳，动作缓慢柔和，像是体操，不像武术。沈氏说：“如果摔跤家与太极拳家比武，结果如何呢？”发科先生笑着说：“想必甚为有趣。太极拳家应可迎战任何武术，像当年杨露禅先生，人称无敌。但我是不及他的。”沈即要求与发科先生试一试。

发科先生伸出双臂，要沈友三抓他，围观者都想有精彩的比赛可看了。沈友三试着去抓发科先生，几秒钟后两人开始大笑。比试似尚未开始，但已经结束。人们只看到两人交手后，轻挪位置约 5 秒钟而已。

沈友三佩服陈发科艺业，更佩服其修养。

两天后，发科先生正在居处之宣武区河南会馆授拳，沈友三携带礼物过访，向发科先生打招呼并表示谢意，发科先生谦辞说："没什么。"

在场弟子们都感到非常困惑，不了解两人在谈些什么?沈友三发现了，就问弟子们，陈老师难道没有告诉你们发生过什么事?大家都回说"没有""不知道有什么事"。沈友三很激动地猛拍大腿，并翘指赞道："你们师父真了不起！不仅功夫高超，修养更是超人一等。大家都认为我们比武时，仅仅接触了一会儿，没有发生任何事，实际上武术家交手刹那，已足以明了彼此功夫深浅。当我抓住陈师傅手臂，想借力使力，但无力可借；每当我想使用自身力道时，却又被一股劲道反弹回来，我的技巧毫无作用。想把他抛出去，我必须先抓住他，但无论抓住何处，总是有一股内劲自陈师傅手臂或身体透出，有时几乎伤了我的手指！他的身体似乎在那儿，但感觉上又好像不存在。后来我想摔倒他，但一样不起作用；宛如蜻蜓撼石柱，我知道他的功夫远超过我，他随时可以把我抛出去，但他的武德精神为我保住颜面。事后他亦不夸耀，是一个真正的朋友！今天我特地来向陈老师表示我的敬意。"

武人多相轻，陈发科先生却自重重人

沈友三走后，弟子们问发科先生当时为什么不把他抛出去?先生很严肃地说："为什么要毫无理由地把他人摔到地上呢?如果是你们处在沈师傅的地位，你们会喜欢被人摔到地上吗?武者成名不易，我们应该爱惜、尊重别人的名声。为一己私利，伤人名声，真正的武术家所不屑为。"

发科先生从不向人挑战，但如有人再三邀战，则会接受。每回他都告诉对手："尽力攻我，即使我受伤也不会怪你，我也不会伤你。”他从不伤害对手，也教导学生遵循这一原则。他在北京待了29年，获得各门各派普遍的尊敬与推崇。这在当时竞争激烈，武术界性喜相轻的环境中，是颇不寻常的。

有一次某大学想聘他担任武术指导，提供了很高的薪金，并准备解聘原有指导老师。发科先生要求不可因他而解聘任何人，他不喜欢抢别人饭碗。因这所私立大学无法提供两份薪水，遂为发科先生委婉推辞。这种舍己为人的精神更使他在武术界获得极高的尊崇。

第二节　“太极巨人”冯志强武林轶事

力托千斤露神功

20世纪60年代，冯老师在北京电机厂工作期间，一天，当过梁吊车正吊着一台上千斤重的电机芯在车间内运行时，突然，发出了“吱吱”作响的异常声音，原来是吊着电机的钢丝绳松脱发出的声音，电机如掉下来随时都有砸人毁物的危险。正在旁边工作的冯老师发现后，说时迟，那时快，迅速跑上前，在场的人都被他的举动惊呆了，那电机芯的重量可是1100斤啊，在平时七八个身强力壮的小伙子也要费好大的劲才能将它抬动，可冯老师却稳稳地接住了这庞然大物。以前电机厂里很少有人知道冯老师会练太极拳，此事在电机厂里传开以后，不少年轻人出于好奇心，多次想办法激他露一手，可冯老师不管青年人怎样“欺负”他，他总是笑笑，不和大伙儿较真。

那时，北京电机厂里有一个摔跤队，队里有 12 个生龙活虎的小伙子。一天，冯老师路过摔跤队的训练场地，被小伙子们看见后，便一窝蜂地围上来要与冯老师较力。冯老师最后推辞不过，便笑着说："你们排成一队来推我吧!"于是，这 12 名摔跤手一个接一个，像"火车"一样排成一队，最前面的人用两手推在冯老师的腹部上，然后，随着一声"一、二、三，推!"的口令，大家一齐用力向前推去，只见冯老师身体往下一沉，丹田内转，再见那 12 名摔跤手已被东倒西歪地摔倒在地。

1987 年在深圳举办的国际武术训练班上，一个外籍学生也想试试冯老师的功力，便约来了 7 个同学一起来推冯老师，当时正巧有位记者在场，拍下了这个饶有风趣的场面。

爱憎分明惩歹徒

一天，冯先生下班回家途经一条胡同时，忽听前面有个女人在哭，他走近一看，三个歹徒正在抢一个姑娘的自行车。歹徒见有人来，一齐亮出尖刀威胁道："你少管闲事!"面对歹徒，冯先生怒火中烧，说声："让我遇见了就得管!"话音未落一拳打倒了歹徒，第二个家伙凶狠地刺了一刀，冯先生让过刀尖，反手叼住歹徒的手腕，只听"咔嚓"一声，尖刀被打落在地。第三个歹徒从冯先生的身后冲上来，这时，只见他一蹲身将歹徒掀翻在地。三个坏蛋一看碰上了硬碴儿，全跑了。最后冯先生一直将姑娘送到家门口，等姑娘的家人来道谢时，他早已消失在漆黑的夜色中。

巧挫美国大力士

1981 年 9 月 2 日上午，北京体育学院的卫生室里请来了一位重眉毛、大眼睛、虎背熊腰、体格魁伟的老工人当按摩大夫。他，就是冯志强老师。

不一会儿，武术教练门惠丰陪着一位美国大力士来到卫生室。他每天来按摩，倒不是因为有什么病，而是在学习中国的按摩手法。按摩完毕，他还趴在床上，卫生室的李大夫悄悄走到他的头前，说："你不是要见冯老师吗?"

"什么冯老师?"大力士一愣。"冯志强老师呀!"李大夫抿嘴一笑。

原来，这位大力士名叫库玛，是美国太极拳研究社教练，身高一米八十多，体重一百八十多斤，今年 33 岁。他 6 岁开始练猴拳、少林拳，后又学合气道、形意、八卦、太极；为学瑜伽曾专门到印度两年，也曾向日本的最高手学柔道，在美国曾获柔道冠军；走遍世界五十多个国家。这次，他从东南亚、香港而来，走过的地方没遇到对手。踌躇满志的库玛来到北京体育学院后，找他几位练太极、形意的人和他会了会手，不满足，说："像这样的我不再见了，对我简直是浪费工夫!"

说起冯志强，早年曾随沧州人韩晓峰练通臂、山西人胡耀贞练六合心意和道家气功，1951 年拜河南陈家沟名拳师陈发科练陈式太极拳，深得陈式太极擒拿跌打、松活弹抖的精髓，堪称陈发科之高足。曾多次与练红拳、通臂、炮捶、形意、八卦、摔跤者较量，对方无不佩服他的功夫和人品。

寒暄过后，库玛练了几个式子，比划了几手猴拳。问道：

“怎么样?”

冯志强答:“你上身有力，下身发飘。”

库玛自然不服气，便“谦虚”地请“冯老师”说说手法。冯志强说:“好，你来劲，我接劲吧!”

这时，库玛自然高兴异常，便用上全身的解数，饿虎扑食般地猛扑过来。说时迟，那时快，冯志强双臂自下而上一迎，迅即沉肩坠肘，左膝已进入对方裆间。此招在太极上称做“引进落空”。当库玛有前倾扑空之感时，便赶紧后撤找重心，但对方的右膝已绊住他的左膝，哪里能站得稳?刹那间，冯一点他的胸部，他一愣，冯马上双手发劲，库玛便腾空而起，幸好后面有人接住，否则还不知要跌个怎样呢?

库玛站住身后，双手伸出了大拇指，用还不熟练的汉语咕噜着说:“冯老师不得了，冯老师不得了!”

冯志强谦逊地伸出小拇指说:“在中国，我属这个，比我强的还大有人在!”

陈式太极拳返故乡

河南温县陈家沟是陈式太极拳的发源地，人才辈出。传到第十七代，因陈发科先生功夫最好而成为当时的代表。自从陈发科先生 1928 年 10 月应邀离开陈家沟到北京传授陈式太极拳，就一直生活在北京，北京就成了陈式太极拳的中心。

1976 年“文化大革命”结束，大地回春，万木复苏。中华武术同其他的优秀文化一样，也渐渐恢复了生机，全国开始了大规模的武术挖掘整理工作。但作为陈式太极拳的发源地——陈家沟，却面临困难。因为在十年的“文化大革命”当中，陈家沟的太极拳受到了严重影响。

一封来自陈家沟村党支部的信，寄到了北京冯志强老师的手中。陈家沟村党支部书记张尉珍在信中言词恳切、情感动人地代表陈家沟村，真诚地邀请冯志强老师赴陈家沟教授陈式太极拳。

随后村党支部书记张尉珍和党支部副书记陈家沟太极拳武术学校校长王西安专程从陈家沟亲赴北京邀请。紧接着，陈式太极拳第十九代传人陈伯先和陈小旺又从陈家沟赶赴北京，来接冯老师到陈家沟去教授陈式太极拳。冯老师感到这是陈家沟村人对自己的信赖，回想起当年陈发科老师对自己的培养和继承发展光大师门的嘱托，便欣然接受了邀请，先后三次赴陈家沟将陈发科先生亲授的陈式太极拳和推手技击技艺毫无保留地传给陈家沟第十九代弟子们。并将道家气功中的“站桩功”等功法也教授给了他们。从此，陈式太极拳的训练内容中又增加了一项修炼内功的重要功法了。从那以后，陈家弟子也多次到北京，继续跟冯老师学习深造。回忆起当年到陈家沟教拳之情景，面对当今陈式太极拳蓬勃发展的现状，冯老师内心里感到很欣慰。

“真太极”技惊上海

1982 年 7 月，“全国太极名家汇演”在上海举行。当时的上海武术界就像 7 月的夏天一样，掀起了一股“太极热”。而冯老师则是这股热潮中最热的热点之一，其原因有二：一是人们要看看这位挫败洋武师名扬海内外，当今陈式太极拳最高代表之风采；二是此次全国太极名家汇演，其他的太极名家都是带着学生来的，和自己的学生表演太极推手。而冯老师是只身前来单刀赴会，配手由大会指派，这次大家可亲眼目睹冯老师的太极推手。第一场汇演时，大会组委会指派了一位练太极拳的当冯老师的推手对手，双方一搭手，只见冯老师“弹簧劲”一抖，对方便腾空而起，身体划着弧线飞了出去，重重地撞向了主席台，撞翻了台上的杯子。观众们对冯老师精妙的推手报以热烈的掌声。

第二场汇演在室外体育场举行，大会组委会这次又指派了一位练外家拳硬气功的武术好手当冯老师的推手对手，此人在上海很有名气，出手从不饶人。双方一交手，那人果然不客气使尽全力朝冯老师击来，只见冯老师运用了一个太极拳中的“黄龙三搅水”的动作一招将他打翻在地。起来后，在他扑向冯老师的一霎间，又见冯老师顺势将他一捋，“引进落空”后，使对方身体前栽后扑倒在地。再战，又被冯老师一记“发劲”，这回对方身体如同炮弹出膛一样，飞出去好几米远。与会者及观众们大开眼界，对冯老师的太极功夫非常敬佩，互相交赞不绝，那位推手对手更是打心眼里佩服冯老师，他说出了大家的心里话，“冯老师的功夫是真功夫，冯老师的太极是真太极”。

一时间，“冯志强，真太极”成了上海武术界谈论的最热门话题。

群星研技聚北京

1982 年开始恢复了全国太极推手比赛。在几年来的全国太极推手比赛上，参赛选手普遍存在着技术水平较低，太极拳的技击风格发挥体现不出来，出现了“顶牛”和“拉扯”现象，有些人甚至对太极拳理论中的技击方法产生了疑惑。根据此情况，中国武术院研究决定召开一次全国太极推手研讨会，以解决上述在全国太极推手比赛上存在着的问题。

1990年中国武术院邀请了全国太极拳各派的名家代表，和在全国太极推手比赛上取得各级别的冠军们。大家汇集在中国武术院设在北京郊区的训练场。中国武术院副院长张山主持了这次全国太极推手研讨会，在研讨会上有人提出了是比赛规则中的一些规定限制了推手技术水平的发挥，也有人提出是比赛场地较小而产生“顶牛”和“生拉硬扯”的现象等等。陈式太极拳代表冯志强老师提出，参赛选手技术水平较低，功夫不到家，是造成太极推手比赛时发生“顶牛”和“生拉硬扯”现象的主要因素。提高功夫水平，提高技术质量，是克服推手弊病的最有效的方法。

在实践推手研讨时，中国武术院安排让各级别的推手冠军轮流进行推手，并请太极专家们在出现问题时给予现场技术指导。

当研讨遇到发生“顶牛”的现象时，冯老师指出，遇到此情况时一方要敢放松，敢放松就能进行“引进落空”化解对方的来劲，不敢放松是造成双方发生“顶牛”现象的主要原因。年已六十多岁的冯老师亲自和他们进行推手，让他们体会克服“顶牛”现象的有效办法。当对方抓住冯老师的双臂用力推来时，只见冯老师双臂向后引动，待双方旧劲已逝，新劲未生之际，双臂迅速反弹以“弹簧劲”技术，将对方发放出去，远远地跌落在比赛规定的范围之外。当对方用全力推冯老师的胸部时，只见冯老师旋胸转腰将对方劲化开后，就在对方身体失重的刹那间，迅速进身上步，一记干脆利落的发劲，将对方发出六七米远后，重重地摔倒在地。对方起来后，抓住冯老师的双臂再推。只见冯老师运用变化阴阳的技术，将对方来劲“引进落空”后，迅速反击“合即出”地将对方击打出去。

又上来一位重量级的推手冠军相试，当他抓住冯老师的胳膊时，只见冯老师的胳膊如同怪蟒翻身一样，螺旋缠绕地化解掉对方的擒拿后，顺势进肩靠之，对方腾空而起跌出。再战，又被远远抛击出圈外。其他的几个推手冠军都前来相试，功效如前。最后，大家都深深地认识到，比赛时发生“顶牛”和“拉扯”的现象，其主要原因是功夫不到家、技术不过关所致，今后要在提高技术质量上多下工夫。

名人拜师再学艺

在全国太极推手研讨会结束的晚宴上，河南省太极拳代表张茂珍先生亲自给在座的武术院的领导、太极拳名家的代表、各级别的推手冠军们斟满了一杯酒后，心情显得有些激动地对大家说，我出身在一个武术世家，练功几十年，虽然在河南郑州等地有一些影响和名气，但是，通过参加此次中国武术院组织的全国太极拳推手研讨会，看到冯志强老师亲自示范和技术指导，使我深感艺无止境，我十分敬佩冯老师的太极功夫，今天当着武术院的领导和大家的面，请大家作个证，我要正式拜在冯老师门下重新学艺。

话音刚落，坐在一旁的曹之麟先生站了起来，紧接着说：我练武近 20 年，曾在太极推手上下过些工夫，并获得了上海市 1982 年、1986 年和全国 1986 年的太极推手比赛 65 公斤级的冠军。虽然取得了一些成绩，但在实战中免不了会产生两力相顶的情况，我心里也明白太极拳的特点是以弱胜强，以小力胜大力，粘黏连随，不丢不顶，引进落空，四两拨千斤，以巧取胜的道理，那么怎样在实践中才能真正做到这些呢?通过近年来跟随太极名家冯志强老师学习太极拳推手和混元气功方知其中的奥秘，懂得了其根本的道理。尤其是通过几次观看冯老师的太极推手技击后，对我的触动很大，使我深感太极功夫博大精深，艺无止境。

所以，我也要拜师再学艺，使自己的太极拳推手功夫更上一层楼，达到一个新水平。

他们俩言短情切的一番话语，博得了在场人们一片热烈的掌声，大家纷纷举起杯来向冯老师和他俩表示祝贺!

第三节　“内功王”王凤鸣武林轶事

点穴露绝技

一个外地人经人介绍找到了王凤鸣老师，在交谈中王老师得知，此人叫李××，在湖南省公安局做侦察员工作，酷爱练武，曾两次获得湖南省散打冠军。又因在执行任务时，多次制服过行凶的歹徒而立功受到上级部门的嘉奖。

他们俩交谈了一会儿后，小李将话锋一转说道：“想和王老师试试手。”当他和王老师搭上手时，年轻力壮的小李感到自己的双手臂犹如被胶粘住了一样，身体如同被绳子捆绑住了似的，不管他用什么办法想解脱，总是摆脱不掉。这使小李有劲也用不上，有功夫也发挥不出来，当时他大惑不解地问王老师：

“你运用的是什么方法?”王老师告诉他：“这是太极拳中粘黏连随的技术。”小李接着说道：“如果您不介意，我可以用散打快攻的方法吗?”王老师爽快地应道：“那你就进招吧!”这回小李使出了他的散打本领，快速迅猛地出右拳来了一个猛虎掏心，朝王老师的胸口击来。只见王老师用左手拨化开他击来的右拳后，趁势进身，将右脚放在他右腿的后面，右手臂放在他的脖颈处，说时迟那时快，手脚齐发，一个太极拳中的“摆莲腿”便将他重重地打翻在地上。再看这位散打冠军还真不含糊，一骨碌从地上爬起来后，又挥拳朝王老师的面部击来。王老师闪身让过，同时用右手引化开他击来的拳头后，就在他肋部露出破绽的刹那间，顺势上步，运气于左手二指，朝他肋部的章门穴上一点。小李感到如同利剑穿身一样，疼痛难忍地用双手捂着肋部蹲在了地上，张着嘴而喘不上气来，脸色也变得苍白了。王老师看他痛苦不堪的样子，便过去在他身上按摩了几个穴位，过了一会儿，只见小李深深地出了一口长气，才逐渐恢复到正常状态。后来，小李成为了王老师的弟子。

国内外曾经领教过王凤鸣老师点穴的一些人，无不为他那功深技精的点穴绝技所折服。

三战三胜日本武士

（一）突然袭击

1990年，王凤鸣先生和冯志强老师应日中太极拳交流协会的邀请，来到日本东京市进行太极拳教学。有一天上课的时候，王老师正在带领日本学员练习太极拳套路时，突然感觉到背部被猛击了一掌，刹那间，只见王老师随击来之势，迅速敏捷地转动身体，用双手就势抓住了此人的胳膊，顺势一捋将他捋倒趴在了地上。当时大家被这突如其来的情况弄蒙了，都不知道是怎么回事？当即王老师通过翻译对那个人说：“你这样做事是没有礼貌的。”当那人从地上爬起来之后，马上给王老师深深地鞠了一躬，并说道：“对不起王先生，我失礼了！”

下课后，王老师从学生们那里了解到，此人叫××××，曾练习过空手道、柔道，这是他第一次参加太极课，想了解太极拳的技击方式怎么样?试试王老师的太极功夫如何？

在日本的教学工作顺利的结束了，在临回国的头一天晚上，日中太极拳交流协会的负责人小池勤先生找到王老师，提出想挽留王老师在日本进行一年的太极拳教学，当王老师因单位工作忙而婉言谢绝时，小池勤先生便马上邀请王老师明年再来日本进行太极拳教学，并聘请王老师为日中太极拳交流协会顾问。

（二）正面交锋

1991 年王凤鸣先生应日中太极拳交流协会的邀请，第二次来到日本东京进行太极拳教学时，那个叫××××的人又前来参加了王老师的太极课。有一天上课，王老师讲到陈式太极拳中的“披身捶”动作的技击要领时，说明此动作是用于破解对方抓拿住衣襟后运用的技击方法，××××听后说道：“我们的柔道专门会运用抓衣襟的方法，当对方被抓住以后，他便毫无办法了。”王老师闻此言道：“太极拳中的这个披身捶的动作，是专门破解对方抓衣襟技术的方法。”此人听后说到:“那么请问，我们可以在实践中进行一次验证吗？”王老师爽快地应道：

“当然可以。”此人二话没说，上来伸出右手就一把牢牢地抓住了王老师的衣襟不放，只见王老师用右手抓住了对方的右手腕，将左肘放在他右胳膊的肘关节处，转腰合肘运气同时进行，运用太极拳中“截劲”的技术方法，一下子便将对方重重地摔倒在地。他爬起来再试，功效如前，换左手还是不行。最后王老师干脆让他双手一起抓住衣襟，同样还是被重重地摔倒在地上。就这样连续反复试验了多次，直到王老师将他摔得无计可施了，他才不得不罢手。

(三) 甘拜下风

1992 年王凤鸣老师应日中太极拳协会邀请，第三次来到日本东京讲学时，那个叫××××的人再次前来，参加了王老师的太极课。

在一天的太极推手课上，当他向王老师学习太极推手的动作时，他认为施展的机会来了，便趁机抓住了王老师的两只胳膊，猛劲地向前推来。只见王老师旋手转腕解脱了他的双手，反过来抓住他的双手腕后，顺势一采将他引进落空，此时他由上而下犹如跌入了万丈深渊一样。就在他身体失控的刹那间，只见王老师迅速跟进发劲，对方身体好像弹丸般被弹抖出去 3 米多远。技击不行他又较量擒拿，他上来用右手抓住了王老师的右手后，王老师运用缠丝劲的技术将他反擒拿住，此时他的胳膊似被铁钳咬住了一样疼痛难忍，并感到随时都将有骨折筋断的威胁，他只好拍地认输。三次较量后他真的心服口服了。

在欢送王老师回国的晚会上。那个叫××××的人向大家坦诚地说：“以前看到别人演练太极拳，我不相信太极拳有什么技击价值。通过三年来参加王老师的太极拳和推手课后，使我改变了以前的观点，现在我完全信服了中国太极拳中以小力胜大力、引进落空、四两拨千、以巧取胜的独特技术了。”

丹田技击和擒拿

在赫尔辛基的TSL成人大学的一次太极拳课上，王老师讲道：“太极拳是内家拳，是意气运动，所以练习太极拳时要意注丹田、气沉丹田，待丹田修炼到一定水平后，不仅能达到意到、气到、动作到的练功效果，还能运用丹田来进行技击和擒拿。”这时一个学生疑惑不解地说：“以前我学习太极拳时，从未听人讲过这些，请问我可以体会体会运用丹田进行技击和擒拿吗?”王老师听后，便让这位学生用双手使劲推他的腹部丹田处，只见王老师身体重心下降气沉丹田后，运用“丹田鼓荡”的方法将他发放了出去，对方再试，功效如前。然后，他又用一只手猛力推向王老师的腹部丹田处，当王老师运用“丹田内转”的方法进行擒拿时，只听“哎呀”一声，这位学生疼痛地一边抖着手一边颠着脚说道：“真没想到这么厉害!”

下课后，这位学生对一些学员们说：“我以前虽然练习太极拳多年，但是感到内功进步不快，一直停留在外形的水平上。这次很荣幸地与王老师相识，使我找到了太极拳与气功同时修炼的好方法。”

在1996年法国巴黎举办的太极拳学习班上，《法国道》杂志的主编采访了王老师，在亲自体验了王老师的“丹田鼓荡”和“丹田擒拿”的绝技以后，向大家讲道：“我作为《法国道》杂志的主编，曾经采访过武术界的许多名人，但是达到王老师这种内功水平的，还真是不多见。”

以巧取胜的典范

一个星期天的早晨，王凤鸣老师正在北京天坛公园里练习陈式太极拳。一个外国人看到后来到他练拳的地方，用不熟练的中国话和王老师交谈起来。他自我介绍说，他叫马可夫斯基，家住在俄罗斯的圣彼得堡市，从小喜欢练武，曾练习过柔道、空手道、形意拳和太极拳。他有一个梦想，将来有一天到中国去学习武术。一直等到 1988 年俄中文化交流，他获得了到北京体育大学留学的机会，才圆了他多年来的美好梦想。

交谈了一会儿后，他说想和王老师推推手。当他和王老师推起手来时，心里暗暗地吃了一惊。他想自己身高体重上都占优势，但是他们推起手来时，怎么也找不到王老师的力点，犹如推到棉花上一样虚灵柔化；随他来势的变化，有时王老师的身体又像一座铁塔一样沉重而稳固。王老师这样刚柔相济、灵活巧妙的变化，使他没有施展的机会。

于是他改变了方法，用双手使劲紧紧地抓住王老师的双臂不放，并用劲推。他感到王老师的一只胳膊在向后螺旋滚动，使他劲力落空后，就在他身体失去重心的一刹那，迅速返回，双手相合，一记漂亮的发劲，将他发出去一丈多远。

他看抓住王老师的双臂不行，于是就变为一只手抓住王老师的胳膊一只手猛力推王老师胸部。只见王老师身躯转动，他就像推在旋转门上一样，来劲被引进落空了，再见王老师顺水推舟地捋他的胳膊，一下子便将他捋倒在地上了。在场的人无不佩服王老师以小力胜大力、以巧取胜的太极功夫。当时有人拍下此镜头，见图 4–1、图 4–2。

图 4-1

图 4-2

几次交手后，他被王老师精湛的太极功夫所折服了。自此以后，他除了在北京体育大学学习外，每逢星期天休息的时候，他都要坐上一个多小时的公共汽车，来到天坛公园找王老师学习太极拳和气功，一直到他在北京体育大学学习结束。

马可夫斯基返回俄罗斯后，给王老师寄来了邀请信和礼品。他在信中非常感谢王老师几年来不辞辛苦地教授他太极拳和气功，并热情邀请王老师到圣彼得堡市教授太极拳和气功。王老师因单位工作忙不能脱身，便回信婉言谢绝了。

图书在版编目(CIP)数据

太极缠丝功 / 王凤鸣编著. –北京：人民体育出版社，2008（2018.11.重印）

ISBN 978-7-5009-3373-1

Ⅰ.太… Ⅱ.王… Ⅲ.太极拳-基本知识

Ⅳ.G852.11

中国版本图书馆 CIP 数据核字(2008)第 021092 号

*

人民体育出版社出版发行

三河兴达印务有限公司印刷

新 华 书 店 经 销

*

850×1168 32 开本 5.25 印张 114 千字

2008 年 9 月第 1 版 2018 年 11 月第 7 次印刷

印数：22,001—24,000 册

*

ISBN 978-7-5009-3373-1

定价：21.00 元

社址：北京市东城区体育馆路 8 号（天坛公园东门）

电话：67151482（发行部） 邮编：100061

传真：67151483 邮购：67118491

网址：www.sportspublish.cn

（购买本社图书，如遇有缺损页可与邮购部联系）